FLYING DISC

KB072058

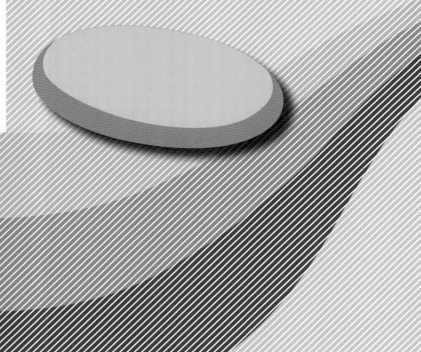

국민생활체육전국플라잉디스크연합회
KFDF 대한플라잉디스크연맹

지도자 입문과 자격취득을 위한
플라잉디스크 지도자 입문

지은이 최창희 하태부 김택천 김동환
발행인 최경화
발행일 2014년 12월
인쇄 2014년 12월
국민생활체육전국플라잉디스크연합회, 대한플라잉디스크연맹
홈페이지 www.kfdf.info
(주) 프리원 031-986-0384
가격 15,000원
ISBN 979-11-952507-6-9

FLYING DISC

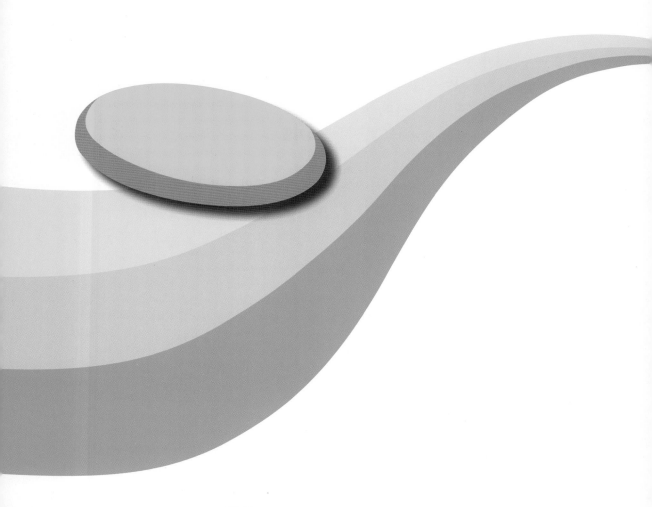

국민생활체육전국플라잉디스크연합회
KOREA FLYING DISC FEDERATION
KFDF 대한플라잉디스크연맹

추천사

　전국의 플라잉디스크 가족 여러분,

　플라잉디스크 지도서 "플라잉디스크 지도자 입문" 발간을 대단히 기쁘게 생각합니다. 국내에 플라잉디스크를 소개한 지 10년, 학교스포츠로 도입된 지 6년 동안 교육계 선구적 지도자들에 의해 플라잉디스크를 소개하고 지도하기 위한 다수의 책이 발간되어 왔습니다. 금번 발간된 "플라잉디스크 지도자 입문"은 그 동안의 경험과 노력, 그리고 열정이 이루어 낸 결정체로써 플라잉디스크 지도자 들에겐 유용한 바이블이 될 것입니다.

　플라잉디스크는 환경을 훼손하지 않으면서 자연과 더불어 즐길 수 있는 친환경 스포츠입니다. 또한 많은 비용이 들지 않아 가족, 친구, 연인, 학생 등 누구나 근린생활권의 공원, 학교, 경로당 등에서 개인 또는 단체가 손쉽게 즐길 수 있습니다. 또한 골프, 얼티미트, 거츠, 윷놀이 등 다양한 종목으로 세분화하여 각자의 능력과 기호에 따라 다양하고 안전하게 만끽할 수 있는 장점도 지니고 있습니다.

　이미 미국, 유럽, 일본 등 선진국에서는 대중적인 국민 스포츠로서 사랑을 받고 있으며, 앞으로는 전 세계로 확산, 보급될 가능성이 높다고 사료됩니다. 더구나 2013년 5월에는 올림픽 인정종목으로 채택되어 명실상부한 월드스포츠로서 자리매김했습니다.

　국내에서는 교사, 스포츠지도사, 동호회 여러분들의 헌신적인 열정과 노력으로 해를 거듭할수록 저변이 확대되고 있습니다. 2008년 국민생활체육회 가입을 계기로 본격적인 국민스포츠로 도약했으며, 특히 우리 청소년들이 플라잉디스크를 통해 입시 위주의 교육환경에서 벗어나 체·덕·지를 겸비한 전인적 인재로 성장할 수 있도록 최선을 다해 왔습니다.

　그 결과 2009년에 초등학교 4학년 교과서에 정식 체육교육과정으로 채택되었고, 2012년에는 교육과학기술부 지정 학교스포츠클럽 종목으로 선정되었으며 2014년 5월 현재 초·중·고 체육종목으로 채택되는 성과를 이루었습니다.

2015년 1월부터는 문화체육관광부로부터 플라잉디스크 국가공인자격증(스포츠지도사)과정을 공인받음으로써 국민스포츠로 비약적인 발전할 여건이 만들어졌습니다.

이 모두가 플라잉디스크를 사랑하는 교사, 지도사 등 모든 관계자들의 관심과 헌신적인 노력의 성과라고 생각됩니다. 그러나 앞으로도 해결해야 할 현안들이 많이 남아 있으며 대한플라잉디스크연맹의 발전적 내용과 방향 설정을 위한 의미 있는 담론을 만들어가야 할 것입니다.

우선 일선 현장에서 플라잉디스크를 교육, 보급하는 데 있어 체계적이고 통일된 교육시스템을 갖추어야 합니다. 그래야만 가장 재미있고 유익하면서도 동시에 가장 정확하고 선진적인 교육 및 훈련으로 선수는 물론 학생, 남녀노소, 소외계층 등도 쉽게 즐길 수 있을 것입니다. 이는 플라잉디스크가 교육현장에서, 스포츠현장에서, 레저현장에서 지속적으로 사랑받을 수 있는 토대가 될 것입니다. 향후 지속적인 성장, 발전을 위해 플라잉디스크 관계자 여러분들의 많은 고견과 질책을 당부 드립니다.

본 도서의 출판을 위해 학교현장 및 교구 연구현장에서 체험, 연수, 연구 등 집필을 주도하여 주신 김택천 박사님과 하태부 교감선생님 그리고 아낌없는 조언을 해주신 많은 교사, 지도사, 동호회원, 지역연합회 관계자들께 감사드립니다. 또한 플라잉디스크 발전에 물심양면의 지원을 아끼지 않은 ㈜프리윈 최경화 대표님께도 감사의 인사를 드립니다.

무엇보다 플라잉디스크 보급 이후 10년 동안 열악한 환경에도 불구하고 최일선 현장에서 지대한 공헌을 하신 수많은 선생님들께 지면을 빌어 깊은 감사의 인사를 드립니다. 이번 "플라잉디스크 지도자 입문" 발간을 계기로 앞으로 플라잉디스크가 더욱 발전하기를 기원합니다.

감사합니다.

2014년 6월
KOREA FLYING DISC FEDERATION
회장 김 동 진

머리말

　필자들이 플라잉디스크를 처음 접했을 비행하는 원반의 모습은 무척이나 아름답고 새로운 충격이었습니다. 그 매력에 조금씩 빠져들기 시작하며 단순한 놀이가 아닌 스포츠로써의 진정성과 인간을 사랑하고 자연과 함께 호흡하는 어쩌면 스포츠 그 이상의 가치를 지닌 새로운 문화로 발전할 것을 확신 하게 되었습니다.

　국내에 플라잉디스크 스포츠를 알리면서 늘 아쉬웠던 부분이 바로 지도자가 참조 할 자료의 부재였고, 본서가 그 갈증을 조금이라도 해소해 주고 대한민국 플라잉디스크 문화 만들기의 도화선(導火線)이 되었으면 합니다.

　본서를 계기로 많은 사람들이 플라잉디스크에 대하여 관심을 갖고 열정적인 전문가로 양성되어지며 함께 노력하고 연구하여 보다 양질의 전문서적들이 출판되고 새로운 프로그램이 개발되기를 기대 합니다.

　본서는 플라잉디스크의 지도자를 위한 입문서이며 지도자로써의 마음가짐과 교육을 위한 기본 지식을 수록한 지침서입니다. 이 한권의 책이 모든 것을 대신할 수는 없지만 현장에 있는 플라잉디스크 지도자를 한 마음으로 묶어 대한민국 플라잉디스크 문화 보급의 첨병(尖兵)의 역할을 할 수 있기를 바랍니다.

　미국, 유럽, 일본등 선진국 위주로 발전해 왔던 플라잉디스크는 이제 대한민국에서 그 화려한 꽃을 피울 차례이며, 우리나라의 대중문화예술이 전 세계를 강타하듯 한국형 플라잉디스크 문화와 프로그램이 알차게 개발되어 다시금 세계로 뻗어나가는 플라잉디스크 한류를 여러분과 함께 이루고 싶은 바램입니다.

　마지막으로 대한민국 플라잉디스크의 역사를 만들고 있는 김동진 회장님께 감사의 말씀 드립니다. 한 명의 열정이 이렇게 많은 사람의 마음을 움직이고 플라잉디스크 불모지였던 대한민국에 새롭고 즐거운 스포츠를 도입할 수 있게 된 점 진심으로 감사드립니다.

2014년 6월

저자 일동

목차

Part 1 · 플라잉디스크의 이해

Chapter 1 · 플라잉디스크의 역사 _ 12

가. 발생 유래 _ 14
나. 국내외 현황 _ 15
다. 보급현황과 효과 _ 17

Chapter 2 · 플라잉디스크 경기 종류 _ 22

Chapter 3 · 원반(디스크)의 이해 _ 34

가. 비행 원리 : 양력, 추진력 _ 36
나. 비행 궤적 : Stable, Overstable, Understable _ 38
다. 비행에 영향을 주는 요인 _ 40
라. 원반의 종류 _ 42

Part 2 · 플라잉디스크 종목별 이해

Chapter 1 · 원반골프 _ 48

가. 개요 _ 50 / 나. 시설과 용품 _ 51
다. 경기방법 _ 54 / 라. 심판법 _ 58

Chapter 2 · 얼티미트 _ 64

가. 개요 _ 66 / 나. 시설과 용품 _ 67
다. 경기방법 _ 69 / 라. 심판법 _ 74

Chapter 3 · 플라잉디스크 윷놀이 _ 78

가. 개요 _ 80 / 나. 시설과 용품 _ 81
다. 경기방법 _ 82 / 라. 심판법 _ 85

Chapter 4 · 거츠 _ 90

가. 개요 _ 92 / 나. 시설과 용품 _ 93
다. 경기방법 _ 95 / 다. 던지기 기술(참고 사항) _ 97

Part 3 · 플라잉디스크 기술

Chapter 1 · 던지기 – 기본 _ 102

가. 백핸드(backhand) _ 105 / 나. 포핸드(forehand / sidearm) _ 111

Chapter 2 · 던지기 – 고급 _ 118

가. 직선던지기(flat), 하이저(hyzer), 앤하이저(anhyzer) _ 120
나. 오버헤드(overhead) _ 123 / 다. 롤러(roller) _ 127
라. 드라이브(drive) _ 129 / 마. 퍼팅(putting) _ 132

Chapter 3 · 던지기 – 클리닉 _ 136

가. 백핸드 던지기 교정 _ 138 / 나. 포핸드 던지기 교정 _ 141
다. 던지기의 Key Point _ 142

Chapter 4 · 받기 _ 144

Chapter 5 · 피봇(pivot) _ 150

Part 4 · 체육지도자 자격 및 교육 프로그램

Chapter 1 자격증 제도 운영 개요 _ 164

Chapter 2 자격증 종류 및 취득 요건 _ 168

Chapter 3 교육 프로그램 _ 182

부록. 플라잉디스크 공인 안내

Chapter 1 KFDF 공인 용품 _ 198

Chapter 2 KFDF 공인 원반골프 코스 _ 206

플라잉디스크의 이해 Part 1

Chapter 1 · 플라잉디스크의 역사

Chapter 2 · 플라잉디스크 경기 종류

Chapter 3 · 원반(디스크)의 이해

플라잉디스크의 역사

Chapter 1 • 플라잉디스크의 역사

가. 발생 유래
나. 국내외 현황
다. 보급현황과 효과

Chapter 2 • 플라잉디스크 경기 종류

Chapter 3 • 원반(디스크)의 이해

가. 비행 원리 : 양력, 추진력
나. 비행 궤적 : Stable, Overstable, Understable
다. 비행에 영향을 주는 요인
라. 원반의 종류

Chapter 1 플라잉디스크의 역사

가 · 발생 유래

북미와 유럽 사람들에게 플라잉디스크(Flying Disc)는 '프리즈비(Frisbee)' 라는 이름으로 잘 알려져 있다. 플라잉디스크의 기원에 대해 여러 가지 설이 존재하는데, 그 중 대표적인 기원설은 1940년대 미국 아이비리그(Ivy League) 중 하나인 예일대학 학생들이 당시 캠퍼스 근처의 '프리즈비 제빵업체(Frisbie Baking Company)'의 파이를 먹고 난 후 파이 받침대인 주석 접시를 던지는 놀이에서 유래했다는 것이 정설이다. 바람을 타고 미끄러지듯 날아다니는 것에 흥미를 느낀 학생들이 너도나도 던지기 시작하면서 놀이가 된 것이며, 점차 학교뿐 아니라 근처 마을까지 확산되었고 사람들은 가로등이나 전봇대 등에 던져 맞추면서 즐기곤 했다.

이러한 놀이모습에 흥미를 가진 월터 모리슨(Walter Morrison)이라는 사람이 1948년 플라스틱 소재를 이용하여 '플루토 플래터(Pluto Platter)'라는 이름의 플라잉디스크, 즉 원반을 만들었는데 당시에는 UFO에 대한 관심이 높아서 UFO를 연상시키는 플라잉디스크는 붐을 일으켰고, 이것을 계기로 원반을 활용한 다양한 게임이 생겨나면서 본격적인 스포츠로 발전하게 되었다.

1940년대
프리즈비 제빵업체의
주석 접시

현재의 디스크 모양

또한, 고대 인도의 무기를 바탕으로 1984년 미국 스탠퍼드 대학의 공학도였던 '앨런 애들러'에 의해 발명되었다는 설이 있다.

나·국내 · 외 현황

플라잉디스크는 누구나 손쉽게 할 수 있는 레크레이션에서부터 스포츠 종목까지 다양한 형태로 발전하여, 1999년 AP통신은 플라잉디스크를 '20세기 10대 히트 발명품'으로 선정한 바 있고, 뉴욕타임즈는 '미래의 스포츠'라고 격찬하기도 했다.

세계적으로 플라잉디스크 인구는 6천만명, 경기인 수는 1천만명에 달하며, 60여 개국이 세계플라잉디스크연맹(WFDF)에 가입했다. 원반골프와 얼티미트 경기는 세계대회가 정기적으로 개최되고 있는데, 1989년에 IOC가 후원하는 非올림픽종목 세계대회인 '월드게임즈'의 시범종목으로 채택됐고, 2001년 8월 일본 아키타대회에서 정식경기가 됐다. 2013년 5월에 IOC에 종목으로 가입이 되었다.

플라잉디스크 종목 중 원반골프는 전 세계 40여 국가에서 즐기고 있다. 상설 코스(경기장)는 미국과 캐나다에서만 2,000여개, 유럽 전역과 아시아(일본,대만,말레이시아,호주 등) 등 전 세계적으로는 약 3,000여 개가 설치되어 있고, 미국에서만 연간 650회, 그 외 나라에서는 연간 200여회의 크고 작은 대회가 열리고 있다.

한국에는 2000년대 초반 보급되기 시작되어 김동진 現 대한플라잉디스크연맹 회장을 주축으로 2006년에 한국플라잉디스크협회가 설립됐다. 협회는 각급 학교 교사 연수 중심으로 한 저변 확대에 역량을 집중했고, 그 결과 2009년 이후 초·중·고등학교 교육과정에 플라잉디스크가 편성되면서 정규수업 및 학교 스포츠클럽 활동으로 실시됨은 물론 2012년부터는 교육부장관배 전국학교스포츠클럽 플라잉디스크 대회가 신설되어 많은 학생들이 참여하고 있다. 또한 대학교 교양수업 채택, 연간 350건이 넘는 연수 진행 등 성장을 거듭하고 있다.

이는 강습회, 대회 개최, 직무연수 활동, 『플라잉디스크를 활용한 체육수업』 등 교육용 도서의 지속적 출판, 각종 매체를 통한 다양한 홍보활동 등 플라잉디스크를 건전한 국민스포츠로 정착시키기 위해 질(quality)과 양(quantity)에 집중한 결과로 판단된다.

특히, 2013년 11월에 포항MBC와 포항시의 후원으로 세계 얼티미트&거츠, 디스크골프, 플라잉디스크윷놀이 선수권대회가 포항시 전역에서 개최되었고, "포항MBC 지금은 전국시대" 등 4대 공중파 방송, 19개 신문사 등에 방송 및 보도됨으로써 플라잉디스크 인구가 비약적으로 증가하고 스포츠로서의 인지도가 높아지는 계기가 되었다.

향후에도 2013년부터 시행되고 있는 학교체육진흥법과 교육부에서 주관하는 학교스포츠클럽 활성화방안에 힘입어 한층 더 빠른 확산이 예상되며, 많은 국내 대회 시행과 세계대회 유치 등을 통해 동호인 활동 증가도 기대된다.

관련 도서는 2007년부터 플라잉디스크 교과지도안, 플라잉디스크 10차시 배워보기, 플라잉디스크 심판법, 플라잉디스크 학습지도안 등이 (주)프리원 후원에 의해 출판되었다.

다 · 보급현황과 효과

(1) 보급현황

플라잉디스크 종목 중 원반골프의 경우 미국에서만 1만 여개 학교에서 배우고 있고, 각 공원 및 골프장에 상설코스가 설치되었으며, 세계 각지에서 국제대회가 상시 개최되어 미국, 일본, 유럽의 프로선수들이 업체의 후원을 받으며 참가해 실력을 겨루고 있다. 스포츠 용품 제조업체들도 급속히 증가하여 신규 일자리를 창출하는 산업으로 성장 가능성이 높다.

미국에서 원반골프 용품을 파는 상점이 2만여개에 달하고 일본에서는 대학교에서 교과목으로 채택한 곳도 있다. 일본은 Japan open이 격년으로 열리고 있으며 대만에서는 2009년에 아시아오픈대회를, 한국에서는 2013년 11월에 포항에서 국제대회가 열리는 등 점차 아시아 무대도 급성장 하고 있다.

한국에서는 플라잉디스크가 학교스포츠에 채택되면서 학생 및 교사를 중심으로 한 저변확대가 이뤄지고 있으며, 그 결과 가까운 시일내에 세계적인 선수들이 배출되어 국제대회에서 좋은 성적을 낼 것으로 기대되는 바 플라잉디스크 인구가 더욱 확대될 것으로 전망된다. 또한 2016년 부터 중학교 자유학기제 시행에 따른 대비도 충실히 하여 플라잉디스크 종목으로 체육의 기능중심형 교육이 아니라 과학적원리를 접목하고 인성교육과 진로 교육까지 겸 할 수 있도록 관련 프로그램 개발과 지도자 교육이 병행 되어 양질의 교육이 이루어 질 수 있도록 하여야 한다.

이는 플라잉디스크가 미래스포츠로 성장할 요소를 두루 갖추었음을 의미하므로 학교, 기업, 스포츠 측면에서 고른 성장과 긍정적 효과를 기대해도 좋을 것이다.

(2) 효과

a. 건강 증진

플라잉디스크를 활용한 게임은 걷기 운동 및 근력강화에 제격이다. 플라잉디스크 종목 중 디스크골프는 9홀 라운딩의 경우 60~90분 정도 소요되는데 약 5,000보~8,000보를 자연스럽게 걷게 되며, 몸 전체를 이용한 순간적인 스피드를 필요로 하므로 다리, 팔, 어깨, 허리 등의 근력이 고르게 강화되는 효과가 있다. 이처럼 플라잉디스크는 무산소운동과 유산소운동을 동시에 즐기게 될 뿐 아니라, 상체와 하체가 고르게 발달하게 되어 건강 증진 효과도 볼 수 있다. 나이, 성별, 신체조건, 체력, 실력 등에 따라 가볍게 시작하여 점차 수준을 높여가며 체력을 단련할 수 있고, 단체운동과 개인운동이 모두 가능하므로 원하는 시간에 손쉽게 즐길 수 있어 유용하다.

b. 공정성, 정직성 함양

원반골프 종목의 점수기록은 각 경기자의 양심에 따라 기록된다. 경기자는 스스로 엄격히 규칙을 따르면서 공정하고 정직하게 게임에 임해야 한다. 얼티미트 종목은 'Spirit of the game'이라는 신사적인 기본이념에 기초하여 심판 없이 선수 상호간의 판단에 의해 게임이 진행된다. 이처럼 공정성, 정직성의 스포츠정신을 최우선으로 하므로 특히 청소년들에게 체력과 더불어 바른 인성을 함양시키는 데 적합하다.

c. 집중력과 끈기

원반골프는 기존의 골프종목과 마찬가지로 마인드 컨트롤이 중요하다. 마지막까지 흐트러짐이 없는 집중력, 위기에도 심리적으로 흔들리지 않는 강인한 정신력이 요구된다. 샷을 다듬고 목표물에 집중해야만 좋은 성적을 거둘 수 있고 9홀, 18홀 동안 그 자세와 마음가짐을 유지해야 하므로 집중력과 끈기가 자연스럽게 향상된다.

d. 원만한 인간관계 형성

원반골프는 개인의 점수가 중요한 개인운동이지만 그룹을 이루어 경기를 하는 경우가 많다. 따라서 그룹 내 리더의 역할이 중요하다. 대개 먼저 던지는 선수가 경기 규칙을 설명하고 룰을 적용할 때 중요한 역할을 수행하는데, 좋은 리더가 있는 그룹에는 경기가 매끄럽게 진행되는 경향이 있다. 이러한 리더의 역할을 각 선수가 번갈아 가며 하는 기회가 있으므로 리더십 함양에 많은 도움이 된다. 특히 청소년들은 스포츠를 즐기면서 자연스럽게 공정하고 종합적으로 판단하며 팀을 통합할 수 있는 원만한 인간관계 형성을 하게 된다.

e. 배려와 존중의 스포츠

타 운동종목과 달리 실력 차이가 있어도 함께 경기를 즐길 수 있다. 원반골프 종목의 경우 티패드(tee pad;홀 시작점)의 위치를 달리하거나 핸디캡을 적용함으로써 장애우나 약자를 배려하며 경기를 진행할 수 있고, 상대방의 플레이 시 방해하는 것이 아니라 상대방이 집중할 수 있도록 정숙을 유지하는 등 더불어 함께하는 문화적 성숙함을 배우게 된다. 게임 규칙에 내재된 에티켓을 통해 자연스럽게 상호 배려와 존중의 선진 문화를 학습하게 된다.

f. 민주적인 스포츠

원반골프 종목의 경우 던지는 순서를 정하는 것부터 의견 통합과정이 민주적이다. 게임규칙을 적용하면서 의견의 차이가 발생할 경우 다수결에 따라 결정할 수 있고, 다수결의 의견일지라도 부당하다고 판단될 때 개인이 당당하게 이의 제기할 수 있는 제도가 갖춰져 있다. 이러한 단계를 거친 최종적 판단 시에는 모두가 그 결과를 따라야 하므로 민주적 합의절차와 과정을 익힐 수 있을 뿐 아니라 불의에 굴복하지 않는 정의로운 시민을 양성하는 효과도 있다.

g. 환경 보호

원반골프 코스는 학교, 병원, 유원지, 공원 등 각 시설의 모습 자체에 맞게 설치될 수 있다. 나무를 베어낸다거나 잔디관리를 위해 농약을 뿌린다든가 하는 등의 환경 훼손 행위를 하지 않고, 주어진 시설 및 자연을 그대로 활용하여 우리가 살고 있는 자연 그대로의 조건에서 스포츠를 하게 되므로 환경친화적이다. 게임 규칙에서도 환경 보호를 규정하여 운영하고 있다.

h. 미래스포츠

누구나 쉽게 접근할 수 있는 미래스포츠다. 학교, 공원 등의 근린생활공간에서 편하고 자연스럽게 즐길 수 있고, 원반의 비행이나 운동형태 등에는 흥미를 유발하는 요소가 많다. 건전하고 재미있을 뿐 아니라 체력향상과 선진문화 함양에도 적합하여 선진국에서는 보급을 확대하고 있는 추세이다. 우리나라에서도 향후 공원 등에 원반골프 상설코스 등이 늘어나는 등 전 국민이 즐길 수 있는 미래스포츠로 각광을 받을 것으로 기대된다.

i. 평생스포츠

누구나 쉽게 접할 수 있고 비용이 많이 들지 않는 운동이다. 기본적으로 원반만 있으면 즐길 수 있는데다가, 다양한 종목이 있고 남녀노소 실력에 맞게 시작하면서 재미를 느낄 수 있으므로 평생스포츠로 안성맞춤이다. 초보자도 프로처럼 좋은 경기를 할 수 있고, 프로라고 해서 늘 좋은 경기만 할 수 있는 것도 아니어서 평생 실력을 갈고 닦아야 한다. 누구에게나 흥미롭고 새롭게 도전할 수 있는 가능성과 기회를 준다. 따라서 초보자든 프로선수든 항상 흥미를 유지하며 평생스포츠로 즐길 만하다.

플라잉디스크 경기 종류 **Chapter 2**

Chapter 1 • 플라잉디스크의 역사

가. 발생 유래
나. 국내외 현황
다. 보급현황과 효과

Chapter 2 • 플라잉디스크 경기 종류

Chapter 3 • 원반(디스크)의 이해

가. 비행 원리 : 양력, 추진력
나. 비행 궤적 : Stable, Overstable, Understable
다. 비행에 영향을 주는 요인
라. 원반의 종류

Chapter 2 플라잉디스크 경기 종류

플라잉디스크는 총 10종목, 국제대회는 3종목 중심으로 개최

1940년대 미국에서 시작된 플라잉디스크는 현재 전 세계적으로 모두 10종목의 다양한 형태로 발전되어 즐기고 있으며, 국제대회는 원반골프, 얼티미트, 거츠 등 3종목을 위주로 매년 개최되고 있다.

한국에서는 디스크골프, 얼티미트 등 4종목을 중심으로 활성화

한국에서는 지난 10년간 해외 종목의 소개 및 국내에서 창안한 새로운 형태의 스포츠가 다양하게 추진되었는데 현재는 4가지 종목 즉, 원반골프, 얼티미트, 디스크골프 윷놀이, 거츠 등이 크게 사랑받고 있다. 이 중 거츠를 제외한 3종목은 학교스포츠클럽 종목으로 전국대회가 운영되고 있으며, 원반골프는 동호인 단위의 각 골프코스 중심으로, 얼티미트는 클럽 단위의 대회 중심으로, 그리고 디스크골프 윷놀이는 각급 학교 및 사회복지시설 등을 중심으로 다양한 형태로 보급되어 활성화 되었다.

본 도서에서는 원반골프, 얼티미트, 플라잉디스크 윷놀이, 거츠 등 4종목 위주로 설명하고자 한다. 기타 종목에 대한 추가 정보는 국민생활체육 전국플라잉디스크연합회 홈페이지(http://www.flyingdisc.or.kr/)를 통해 설명과 자문을 구할 수 있다.

가 · 원반골프(Disc Golf)

골프와 거의 흡사하다. 골프장 시설은 물론 티샷(tee shot), 퍼팅(putting), 파(par), 홀(hole), 최저타수 승리 등 경기방법 및 용어가 기존의 골프 경기를 준용하고 있다. 다만, 골프공 대신 원반(디스크)을 이용하고, 골프 클럽 대신 신체를 활용하며, 홀에 공을 넣는 대신 바구니 형태의 원반골프캐쳐(Disc Golf Catcher)에 원반을 넣는 것을 목표로 한다는 점 등이 다르다.

일반 골프와 마찬가지로 티 패드(tee pad)에서 시작해 홀 아웃(hole out)하기까지 최소 타수(던지기 횟수)의 선수가 승리한다. 기본은 18홀이지만 여건에 따라 9홀, 24홀 등 다양하게 운영된다. 일반적으로 4명이 1조가 되어 전체 홀을 도는 동안 각 홀에서 던지기 횟수와 벌타를 합산하고, 전체 홀을 집계하여 최소 횟수를 기준으로 순위를 정한다. 일반 골프와 다른 점은 OB, 벌타의 요건 등 세부 규정에서만 차이를 보인다.

장소에 크게 구애받지 않고 비용부담 없이 전 연령대가 즐길 수 있는 게 장점이면서도, 동시에 비거리와 정확도는 물론 코스의 난이도에 따라 고도의 집중력이 요구되는 프로페셔널한 스포츠이다.

나 · 얼티미트(Ultimate)

원반을 이용하여 상대편 엔드 존(end zone)에 터치다운하여 득점하는 경기로, 마치 럭비와 유사하다. 다만, 럭비공 대신 원반을 사용하고, 신체접촉이 허용되지 않는다는 점이 크게 다르다.

7명의 선수로 구성된 두 팀이 엔드존이 설치된 사각 필드에서 경기를 펼친다. 엔드 존은 경기장의 양 끝의 골라인과 엔드라인 사이의 구역으로, 여기에 원반을 가지고 들어가면 터치다운이 된다. 한번 터치다운하면 1득점이며 원반을 같은 팀 선수에게 패스하여 자기 팀이 공격하는 엔드 존의 경계 내에서 성공적으로 잡았을 때 터치다운을 인정한다.

원반은 같은 팀 선수가 동료 선수에게 패스함으로써만 앞으로 나갈 수 있으며, 패스 시 땅에 닿지 않고 원반을 받아야 한다. 선수는 원반을 가지고 있는 동안에는 달릴 수 없다. 선수간에 신체 접촉이나 태클은 허용되지 않지만 다이빙 캐치 등 격렬하면서도 민첩성을 요구하는 동작이 많아 활동량이 높은 종목이다.

이 경기의 가장 큰 특징은 심판이 없다는 것이다. 라인 위반, 원반 소유, 파울 콜은 경기장 안의 선수에 의해 이루어진다. 양 선수가 합의하지 않으면 이전의 플레이 장면으로 되돌아가 다시 시작한다.

그러나, 한국에서는 심판을 두어 1심 또는 2심제로 운영하고 있다.

국내에서도 초창기에는 동호인 클럽 단위 경기로 구성원들이 즐기는 차원에서 운영되었기에 심판 없이 진행되었다. 하지만 경기가 자주 멈추고 선수 간 협의가 지연 되는 등의 이유로 관중을 배려하는 스포츠로 발전되는 것에 장애요인

이 되는 문제점이 있었다. 이로 인해 전국체전 등 정규대회 운영을 원활하게 하거나 향후 출범이 기대되는 실업 또는 프로리그로 발전하려면 심판을 두어 명확한 판단과 빠른 경기진행이 필요하다는 공감대가 형성되었고, 이에 한국에서는 심판제로 운영되고 있으며 이러한 개선사항을 바탕으로 국제적인 심판법 및 대회 규정에 대한 기틀을 마련하고자 추진 중에 있다.

다 · 플라잉디스크 윷놀이

한국형 플라잉디스크 종목으로 '도, 개, 걸, 윷, 모'등의 글자가 표시된 타겟을 설치하고, 선수 종별에 맞게 3 · 4 · 5미터 등 거리를 설정한 후, 원반으로 타겟을 맞춰 글자만큼 말판을 진행하는 게임이다. 즉, 윷 대신 원반을 이용하여 전통 윷놀이를 즐기는 게임이다.

좁은 공간을 활용하여 즐길 수 있고, 신체활동 뿐만 아니라 집중력을 높이고 전략과 협업이 필요한 경기이다. 특히 타고난 운동능력보다 꾸준한 연습으로 정확도를 높여가며 전술을 활용 할 수 있는 운동으로 성인은 물론 실버세대와 여학생 스포츠로도 적합하여 모든 세대가 함께 즐길 수 있는 운동이다.

플라잉디스크 윷놀이는 2008년 現 KFDF 김동진 회장이 플라잉디스크를 보급하는 과정에서 초보자에게 보다 정확한 던지기를 연습시키고 플라잉디스크를 우리의 전통놀이와 접목시켜 국민생활 스포츠로 활성화 할 목적으로 만들게 되

었는데, 오늘날에는 가장 인기 있는 가족 경기의 형태로 발전하게 되었다.

일반적으로 플라잉디스크는 넓은 공간이 필요한 운동인데 비해 플라잉디스크 윷놀이 경기는 좁은 공간에서 즐겁게 할 수 있는 경기로 플라잉디스크 발전에 새로운 패러다임을 제공했다고 볼 수 있으며 국제적으로도 활용가치가 있는 대한민국 플라잉디스크의 자랑스러운 고유 자산이라 볼 수 있다.

라 · 거츠(Guts)

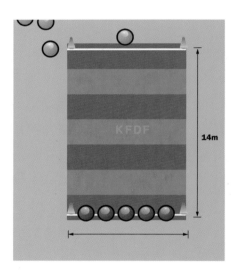

야구의 스트라이크 존 놀이를 변용한 게임이다.

팀당 5명이 양팔 간격으로 자기 진영 골라인에 나란히 서서 기본 대형을 유지한다. 상대팀과는 14m(대회마다 약간씩 다름)의 거리를 두고 마주 바라보며 서서 경기를 한다. 상대팀 선수들의 상하좌우 양팔 간격 범위 안에 원반을 던져서 상대편이 잡지 못했을 때 점수를 얻는 경기이다. 이 때, 반드시 원반은 수비가 손을 뻗쳐 닿을 수 있는 범위 내로

던져야 유효하며, 원반이 빠르고 회전이 많을수록 상대방이 잡는데 실패할 확률이 높으므로 점수를 얻는데 유리하다.

정해진 시간 내에 더 많은 점수를 내거나, 또는 정해진 점수를 먼저 획득하는 팀이 승리하는 게임이다.

마 · 기타 종목

(1) 프리스타일(Freestyle)

프리스타일이란 원반을 사용하여 규정 시간 내에 자유로운 연기를 하여 연기의 완성도, 난이도, 예술성을 심판이 채점한 후 합계 포인트로 순위를 매기는 경기이다. 보통 한 명의 선수 또는 두 명이나 세 명의 선수로 된 한 팀이 하나 이

사진 출처 : www.wfdf.org

상의 원반을 사용해서 음악에 맞춰 일련의 던지기, 잡기 그리고 동작들로 이루어진 루틴을 연기한다.

(2) 디스카손(Discathon)

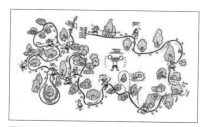

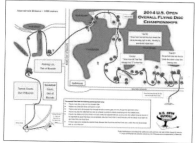

크로스컨트리와 유사한 게임이다. 원반과 마라톤이 합쳐진(Disc+Marathon) 말 그대로 원반으로 이어 달리기를 하는 경기이다. 약 1km 코스를 2장의 원반을 번갈아 가면서 던져서 앞으로 나아가며 출발점에서부터 골까지의 시간을 경쟁하는 경기이다.

나무사이, 코스 중간 여러 곳에 설치되어 반드시 원반의 통과를 지정한 맨더토리(Mandatory)가 20~30m 간격으로 설치되어 있고, 선수는 2장의 원반에 예비로 1장을 추가하여 3장의 원반을 사용하여 맨더토리 사이로 원반을 통과시키면서 앞으로 나아간다.

스타트라인 바로 앞에서 1장의 원반을 던지고 출발하며 원반이 떨어진 지점까지 나머지 원반을 가지고 달려간다. 떨어진 원반의 중심으로부터 1.5m 반경이내에 도착하면 가지고 있던 원반을 던진 후 떨어진 원반을 주어서 앞으로 나간다. 코스 여러 곳에 테스트(Test)를 설치하여 테스트라인 바로 앞에서 한 번에 두 개의 맨더토리를 통과하면 단축된 코스를 갈 수 있다. 원반이 결승선을 통과하면 골이다.

사진 출처 : www.flyingdisc2014.com

(3) DDC(더블 디스크 코트 : Double Disc Court)

테니스나 배드민턴 복식 경기를 모방한 게임이다.

사각의 코트에서 2인 1조로 팀을 이룬 2팀이 경기를 하며, 서로 17m의 간격을 두고 양쪽에 13m의 정사각형의 코트에 갈라져서 경기한다. 2장의 원반을 상대방 코트에 던져서 상대방 팀이 2장의 원반을 동시에 받지 못하도록 하는 경기이다.

양 팀의 1명이 원반을 1장씩 가지고 동시에 상대방 코트에 던져서 시작한다. 상대가 받지 못하도록 상대방 코트 안에 원반이 떨어지거나 상대방이 던진 원반이 코트 밖으로 벗어나면(라인에 닿거나 코트 밖) 1점, 상대가 2장의 원반을 동시에 가지고 있는 경우는 2점을 얻는다. 총 점수 21점 또는 15점을 얻으면 이긴다. 던진 원반이 상대방 코트의 지면에 스치는 경우는, 원반의 착지 각도가 30도 이하로 떨어져야 점수를 얻을 수 있다. (단 2.5m이하의 드로우는 제외한다.)

정확하게 던지는 기술과 팀워크가 필요한 경기이다.

사진 출처 : www.wfdf.org

(4) K-Accuracy(한국형 애큐러시)

정확한 던지기를 경쟁하는 경기이다.

프리타겟 원형링과 바구니에 넣는 것을 골인으로 하여 7분 이내에 28번을 던져 성공한 횟수를 경쟁한다. 정면 7m, 9m, 11m 에서는 바구니에 넣는 것을 목표로 하고, 좌·우 방향 7m, 9m에서는 원형링을 통과하는 것을 목표로 한다. 총 7개 지점에서 각 4회씩 던진다.

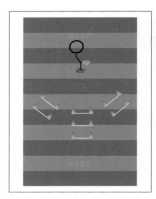 

(5) 디스턴스(Distance)

원반의 비거리를 경쟁하는 경기이다.

간격을 두고 설치된 복수의 티패드(tee pad ; throwing site)에서 2분 이내에 3회를 던져 가장 멀리 떨어진 원반의 거리를 측정 한다. 이 때, 거리는 티패드 앞에서 원반이 떨어진 지점까지를 측정하며, 롤러(roller)는 인정 하지 않는다. 던지는 방법의 제한은 없다.

던지는 횟수 및 제한 시간은 대회 및 선수의 성격에 따라 유동적으로 조정 가능하다.

(6) SCF(Self Caught Flight)

MTA와 TRC를 합산 점수로 실력을 겨루는 개인전 기록경기이다.

a. MTA(Maximum Time Aloft)

선수가 원반을 던져서 지면에 닿기 전에 받을 때까지의 체공시간을 측정하여, 시간이 길수록 승리하는 경기이다. 선수가 원반을 던진 순간부터 받을 때까지의 시간을 3명의 심판이 측정한 후 3개의 기록 중 중간 기록을 체공시간으로 적용한다. 원반을 받을 때 선수의 신체에 두 부분에 닿으면 안 되며 반드시 한 손으로 잡아야 한다. 1라운드에서 5번 던져 최장 시간을 기록으로 한다.

b. TRC(Throw, Run and Catch)

MTA와 유사하나, MTA에서는 시간을 측정하는데 반해 TRC에서는 원반을 던진 후 받을때까지의 거리를 측정하여 거리가 길수록 승리하는 방식이다.

지름 4m의 드로잉 써클(throwing circle)안에서 원반을 던지고, 본인이 달려가 그 원반을 한 손으로 잡은 지점까지 거리를 측정한다.

원반(디스크)의 이해

Chapter 1 • 플라잉디스크의 역사
　가. 발생 유래
　나. 국내외 현황
　다. 보급현황과 효과

Chapter 2 • 플라잉디스크 경기 종류

Chapter 3 • 원반(디스크)의 이해
　가. 비행 원리 : 양력, 추진력
　나. 비행 궤적 : Stable, Overstable, Understable
　다. 비행에 영향을 주는 요인
　라. 원반의 종류

Chapter 3

원반(디스크)의 이해

가 · 비행 원리 : 양력, 추진력

원반이 비행하는 원리는 비행기가 날아가는 원리와 동일하다.

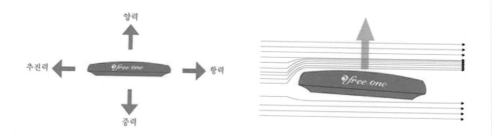

(1) 양력과 추진력(추력) : 원하는 곳으로 보내고자 하는 힘

원반의 윗면은 약간 볼록한 유선형이고, 원반 아랫면은 오목하게 패어
있는 형상이다. 따라서 원반이 공기중에 날아갈 때 윗면은 공기저항이 적

어 유선형의 모양을 따라 공기 흐름이 빠르게 이동하여 압력이 낮은 반면에, 원반 아랫면은 공기의 흐름이 각이 지고 오목한 형태를 따라 느리게 이동하게 되어 상대적으로 높은 공기압력이 형성된다. 이러한 압력의 차이로 원반의 아랫면에서 윗면으로 밀어올리는 힘[01]이 발생하는데 이것이 바로 양력이다. 이 때문에 원반이 공중에 떠 있게 되는 것이다.

양력으로 인해 공기중에 떠있는 상태가 되었으니 이제 원하는 방향으로 날아가야 한다. 이 때 원반을 밀어 원하는 방향으로 갈 수 있게 하는 보내주는 힘이 바로 추진력이다. 원반이 원하는 목적지까지 날아가려면 기본적으로 양력이 형성되는 시간이 확보되어야 하는데, 그러기 위해서는 추진력이 있어야 한다.

즉, 원반을 멀리 보내기 위해서는 일단 공중에 오래 떠 있어야 하고(양력), 원반의 운동성을 유지하며 앞으로 밀고 나가는 강한 힘(추진력)이 있어야 한다.

공중에 오래 떠 있기 위해서는 원반을 최대한 수평으로 던져야 하며, 강한 추진력을 위해서는 빠른 회전성을 필요로 한다. 손목의 스냅으로 회전이 발생하지만, 팔의 동작이 수반되지 않으면 원반은 제자리에서 비행하게 된다. 결국 빠른 회전성은 던지는 시점의 손목의 스냅, 팔의 휘두름과 하체의 움직임이 동일 축으로 하여 빠르게 움직이는 데에서 좌우된다. 이에 대한 자세한 설명은 "제3부 플라잉디스크 기술.제1장 던지기-기본"에서 다루기로 한다.

(2) 항력(저항력)과 중력 : 원하는 곳으로 보낼 때 방해하는 힘

지표면에서 잡아당기는 중력 및 원반의 비행과 반대방향으로 작용하는 공기 항력에 의해 원반은 추진력이 다하는 순간 지표면에 떨어지게 된다.

---

01) 베르누이 정리(Bernoulli's theorem). 유체역학의 기본법칙 중 하나로, 유체의 속력이 증가하면 유체 내부 압력이 낮아지고, 반대로 유체의 속력이 감소하면 유체 내부 압력이 높아져서 압력이 높은 곳에 낮은 방향으로 힘이 작용한다는 원리.

(3) 양력과 추진력, 항력과 중력의 이용 : 원반의 원리 이해의 중요성

　　실제 경기에서는 선수 개인별 신체적 특성 및 운동 능력, 경기장의 코스 난이도 및 지형지물, 바람의 방향과 풍속, 목표물까지의 거리와 현재 스코어 등 변수들에 따라 수많은 전략을 선택적으로 수립하게 되고 그에 따라 다양한 특성의 종류별 원반을 선택하여 사용하게 된다.

　　이 경우, 일부러 비스듬히 던지기도 하고, 원반의 회전수와 속도를 조절하기도 하며, 바람의 방향을 역이용하여 항력의 크기를 조절하는 등 원반의 원리를 이용하여 주어진 상황별 전략에 맞게 경기를 진행하게 되므로 원반의 과학적 원리 이해는 플라잉디스크 게임을 잘 하기 위한 기본 요건이라 하겠다.

　　위와 같은 상황별 전략에 맞는 다양한 던지기 방법은 '제3부 플라잉디스크 기술'편에서 자세히 다루기로 한다.

나 · 비행 궤적(안전성) : Stable, Overstable, Understable

　　원반을 일정한 속도로 던졌을 때 휘는 궤적 특성에 따라 원반의 비행 안정성(Stable)을 3가지로 구분한다. 원반의 제품별 특성도 이에 따라 구분, 제작되며 각 선수는 본인의 경기스타일과 경기 전략에 따라 각 특성별 원반을 선택하여 운용하게 된다.

　　이러한 비행 안정성의 구분은 가장 일반적인 던지기 방식인 오른손 잡이가 백핸드로 던졌을 경우를 대상으로 하며, 원반이 통상 초당 14~15회전의 속도일 때를 기준으로 한다.

(1) Stable :

원반의 비행 궤적이 휘어짐이 없이 직선으로 날아가는 것을 의미하며, 비행중에 방향 변화가 없이 안정적 궤도를 유지한다는 뜻에서 Stable이라 한다. 비행궤적 수치는 '0'으로 표시한다.

(2) Understable :

원반의 궤적이 우측(−)으로 휜다. 비행궤적 수치는 −1, −2, −3으로 표시하며, 많이 휠수록 절대값을 크게 표시한다. 목표물이 장애물을 지나 우측에 있다면 Understable한 원반을 선택하여 수평으로 던진다. Stable한 원반을 이용하여 우측으로 보내고자 한다면 앤하이저(anhyzer)[02] 기술로 던져야 한다.

---

02) Part 3 플라잉디스크 기술, Chapter 2 던지기-고급.
　　가. 직선던지기(flat), 하이저(hyzer), 앤하이저(anhyzer) 참조

(3) Overstable :

원반의 궤적이 좌측(+)으로 휜다. 비행궤적 수치는 1, 2, 3으로 표시하며, 많이 휠수록 절대값을 크게 표시한다. 목표물이 장애물을 지나 좌측에 있다면 Overstable한 원반을 선택하여 수평으로 던진다. Stable한 원반을 이용하여 좌측으로 보내고자 한다면 하이저(hyzer)[03] 기술로 던져야 한다.

다 · 비행에 영향을 주는 요인

(1) 회전과 속도

원반을 던질 때 회전이 매우 중요하다. 물체를 고속으로 회전시키면 그 물체는 회전축을 일정하게 유지하려는 성질[04]을 가지게 되는데, 이러한 원리로 회전이 많고 속도가 빠를수록 원반이 공중에서 흔들리지 않고 안정적인 자세를 유지하여 비행하는 동안 방향성을 유지하게 한다. 반면에 원반을 충분한 회전 없이 던지면 몹시 흔들리면서 바로 떨어지게 된다.

따라서 던지기에서 가장 중요한 것 중 하나가 원반의 회전수를 높여 주는 것이며, 원반의 회전력은 던지는 순간 손목과 손끝의 탄력에 의해 생긴다.

또한 원반은 속도가 높을수록 회전하는 방향으로 휘어지는 성질이 있다. 이는 매그너스 효과[05]에 의한 것으로 오른손잡이 선수가 백핸드로 던진 경우 우측으로 회전하는 원반은 우측으로 휘어지는 성질을 가지게 된다. 반면에 속도가 느릴 경우 역으로 회전하는 성질을 가진다.

---

03) 각 주 02)와 동일

04) 자이로 효과(Gyro effect). 팽이가 넘어지지 않고 도는 것과 같은 성질이다.

05) 매그너스 효과(Magnus effect). 물체가 회전하면서 기체 속을 지나갈 때 압력이 높은 쪽에서 낮은 쪽으로 휘어지면서 나가는 현상.

(2) 각도와 풍속

원반을 수평으로 던져야 양력에 의해 오래 떠있게 되는데, 연구에 의하면 원반의 진행방향으로 앞부분(leading egde)을 약간 들어(지면 대비 약 20 °각도) 던지면 양력이 크게 발생하여 최대한 멀리 날아가게 된다고 한다.

뒤에서 불어오는 바람(순풍;tailwind)을 받아 앞으로 원반을 던지면 바람이 원반을 눌러주는 듯한 현상이 생겨 원반이 빨리 지면으로 떨어진다. 이러한 상황을 피하고자 한다면 원반의 앞쪽을 약간 올린 상태(Leading edge가 들린 상태)로 던져야 한다.

앞에서 불어오는 맞바람(역풍;headwind) 속으로 원반을 던지는 경우에는 원반은 Understable하게 날아가는 경향을 보이기 때문에 하이저(hyzer)로 던진다.

또한 이 경우에는 원반의 전면부를 약간 숙여야 한다. 바람이 앞에서 불면 원반이 공중으로 올라가려는 성향이 생기는데 이를 방지하면서 바람을 탈 수 있기 때문이다.

(3) 마모

원반 사용이 거듭되면서 점차 마모가 되면 원반은 보다 더 Understable하게 된다. 이것은 일반적인 현상이다. 어떤 원반은 새 것일 때 너무 Overstable 한 경향이 있어 마모 등으로 점차 길들여지면 좋아진다.

(4) 무게

가벼운 원반은 무거운 원반보다 더 Understable하다. 이 현상은 원반이 비행하는 고속풍속 때문이다. 팔 끝에서의 175g과 150g의 차이는 팔 속도와 원반 속도에 큰 차이를 가져온다.

라 · **원반의 종류**

원반은 크게 원반골프, 얼티미트, 거츠 용도 등 3종류로 나뉜다. 세부적으로는 원반골프용으로 드라이버, 어프로치(미드레인지), 퍼터 등으로 나뉘며 지형지물, 바람, 선수 특성, 작전 등에 따라 비행계수가 상이한 원반들을 선택하여 사용한다. 프로선수들은 원반골프 9홀 이상 플레이 시 보통 20개 정도를 지참하여 선택하여 사용한다.

본 도서에서는 일반적인 분류 기준에 따라 5가지 원반 및 마커에 대해서만 간략히 구분 설명하기로 한다.

(1) 드라이버(driver)

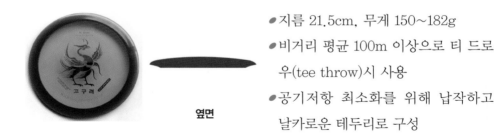

옆면

- 지름 21.5cm, 무게 150~182g
- 비거리 평균 100m 이상으로 티 드로우(tee throw)시 사용
- 공기저항 최소화를 위해 납작하고 날카로운 테두리로 구성

(2) 어프로치(approach)/미드레인지(midrange)

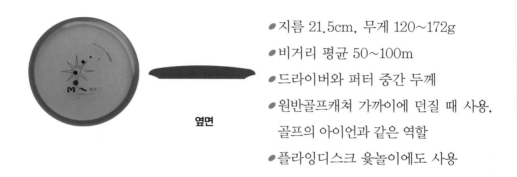

옆면

- 지름 21.5cm, 무게 120~172g
- 비거리 평균 50~100m
- 드라이버와 퍼터 중간 두께
- 원반골프캐처 가까이에 던질 때 사용, 골프의 아이언과 같은 역할
- 플라잉디스크 윷놀이에도 사용

(3) 퍼터(putter)

옆면

- 지름 21.2cm, 무게 130~140g
- 가볍고 그립감이 좋아 근거리에서 정확한 던지기에 효과적
- 골프의 퍼팅처럼 디스크 캐쳐에 골을 넣을 때 사용
- 다른 원반에 비해 바람의 영향을 많이 받으므로 많은 연습이 필요

(4) 얼티미트(ultimate)

옆면

- 지름 27.5cm, 무게 175g
- 패스를 주고받는 용도이므로 잡을 때 휘거나 구부러지지 않도록 플라스틱 재질로 단단하게 제작
- 체공시간이 길어서 주고받기가 용이하지만, 원반이 커서 날리기가 쉽지 않음

(5) 거츠(guts)

옆면

- 지름 23.5cm, 무게 135g
- 원반 주고 받기용으로 적합하고 커브 등이 구사되기 용이하도록 부드럽고 안전한 라바재질로 제작
- 초등학생 얼티미트 용으로도 사용

(6) 마커(marker; 미니원반)

옆면

- 원반골프 경기 중 다음 던지기 준비 전 본인의 원반 위치를 표시하는 역할
- 마커(미니원반) 없이 선수 소유의 원반을 대신 마커로 이용해도 무방함

플라잉디스크 종목별 이해

Part 2

Chapter 1 · 원반골프

Chapter 2 · 얼티미트

Chapter 3 · 플라잉디스크 윷놀이

Chapter 4 · 거츠

원반골프

Chapter 1 • 원반골프
가. 개요 / 나. 시설과 용품
다. 경기방법 / 라. 심판법

Chapter 2 • 얼티미트
가. 개요 / 나. 시설과 용품
다. 경기방법 / 라. 심판법

Chapter 3 • 플라잉디스크 윷놀이
가. 개요 / 나. 시설과 용품
다. 경기방법 / 라. 심판법

Chapter 4 • 거츠
가. 개요 / 나. 시설과 용품
다. 경기방법

Chapter 1 원반골프

가 · 개요

(1) 다른 스포츠에 비해 큰 힘보다는 정확성과 전략적인 방법이 강조되는 스포츠로 유아 · 실버체육 및 동시에 학교체육에 매우 효과적이며, 재활치료 및 특수체육에도 적용이 가능하다.

(2) 나이, 성, 능력에 관계없이 누구나 참여 할 수 있는 가족지향형 스포츠 경기이다.

(3) 좁은 공간 및 제한된 공간에서도 원반골프캐쳐 위치를 변형하여 다양한 경기를 할 수 있다.

(4) 골프와 규칙이 유사하기 때문에 골프 규칙을 이해 할 수 있으며, 경기 예절과 규칙 준수를 통해 다양한 인성을 함양 할 수 있다.(배려, 정직, 약속)

나·시설과 용품

(1) 경기장

원반골프 공인 경기장은 정규코스로 9홀 또는 18홀로 설계하여 운영된다. 디스크골프 전용구장을 설립하기도 하지만 기존의 골프장을 활용하거나 공원, 체육광장, 학교 등 기존의 자연 및 인공시설을 그대로 활용한다.

전용구장은 대개 숲이나 수목원, 산속의 연수원 시설 부지에 설치가 되며, 나무를 베어내거나 별도의 길을 만들거나 하지 않고, 자연 그대로를 지형지물로 하여 원반골프캐쳐와 티패드(tee pad ; 홀 시작점)만 설치하여 이용하므로 친환경적이다.

기존의 골프장에 설치하는 경우에는 홀 컵 주변, 선수 및 갤러리 이동경로, 숲 길 등이 원반골프 코스가 되며, 골프 이용자와 겹치지 않게 코스를 설계한다. 이 경우 '골프 그린'은 OB(Out of the Bound)지역이 된다. 미국의 경우 골프장에 원반골프가 함께 설치된 곳이 많으며 골프와 디스크골프가 함께 라운딩을 하며 즐기곤 한다.

공원, 학교 등에서는 9홀, 18홀 등 정규코스를 고집하지 않고 유동적으로 축소 운영하면서 남녀노소가 편하고 자연스럽게 즐길 수 있도록 설치를

디스크골프 전용구장
- 영월 코세스코리아 9홀/18홀

디스크골프 홀 조감도

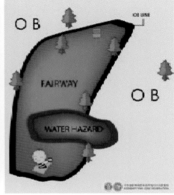

한다. 체육관 등 실내에서도 임시로 장애물을 설치하고 OB지역을 설정하면서 즉석으로 경기 운영이 가능하다.

규정타수(PAR)는 경기장 여건에 맞게 적절하게 설정하여 운영한다.

2014년 상반기 현재 우리나라 공인 디스크골프 경기장은 27홀 1개, 18홀 2개, 9홀 4개 등 총 8군데가 있다

(상세내용은 "부록. 플라잉디스크 공인 안내. 제2장 KFDF 공인 디스크골프 코스" 참조)

(2) 원반골프 캐쳐(Disc Catcher)

원반을 받아주는 역할을 하는 것으로 골프 경기의 홀 컵과 같은 기능을

이동식, 경기용

이동식, 교육용

고정식, 경기용

한다. 원반골프 캐쳐에 걸려있는 쇠사슬은 농구의 백보드와 같은 역할로써 날아오는 원반이 사슬에 맞으면서 충격이 흡수되고 바구니(basket) 안으로 떨어지게 되는데, 밖으로 튀어나오지 않고 바구니 안에 원반이 담기면 골인이 된다.

원반골프 캐쳐는 경기장 크기와 상황에 따라 고정식과 이동식, 교육용과 경기용 등 다양한 캐쳐를 사용할 수 있다.

(3) 원반

a. 드라이버(Driver)
- 티 드로우(tee throw) 등 100m 이상 가장 멀리 날리는 경우 사용
- 공기저항을 최소화하고 장거리에 적합하도록 날카롭고 얇으며 무겁고 단단한 재질

b. 어프로치(Approach) or 미드레인지(Midrange)
- 주로 디스크 캐쳐 주변 페어웨이에 안착시키기 위해 사용
- 드라이버보다는 조금 두껍고 퍼터보다는 조금 더 날카로운 모서리를 가짐
- 안정적이고 예측 가능한 궤도 형성, 퍼터보다 빠르고 긴 거리를 비행할 수 있음
- 50~100m 구간 던지기에 적합

c. 퍼터(Putter)
- 근거리에서 정교하게 던지는 용도로, 디스크 캐쳐에 최종적으로 원반을 넣을 때 사용(퍼팅)
- 다른 원반에 비해 두꺼워 속도는 느리지만 직선으로 잘 날아가며 예측 가능함
- 부드럽고 그립감이 좋아 정확한 던지기에 적합하지만, 바람 등의 영향도가 높음

d. 마커(Marker)
- 골프 경기 중 다음 던지기를 준비하기 전 본인의 원반 위치 표시 역할을 하는 미니원반
- 미니원반 대신 다른 종류의 원반이나 동전, 단추 등을 마커로 사용해도 무방

다 · 경기방법

(1) 선수

개인전은 골프 경기처럼 개인의 18홀 기록을 종합해서 기록순으로 등위를 결정한다. 골프 경기에서는 타수가 낮을수록 상위 등위에 속한다.

단체전은 참가 선수 전원의 점수를 합산하여 그 기록의 합이 낮은 팀부터 순위를 결정하는 방법으로 진행된다. 참가인원은 5명으로 교체는 2명까지 가능하지만, 선수의 부상 시에만 교체가 가능하다. 참가인원 수는 대회 규정 등에 따라 변동 가능하다.

(2) 규칙

a. 진행 방법

① 원반골프는 '스트로크 플레이(stroke paly)'로 진행된다. '스트로크 플레이(stroe play)'란 정규 라운드에서 총 타수가 가장 적은 사람이 승자가 되는 경기방법이다. 골프와 동일한 방법으로 한 번에 몇 사람이라도 할 수 있는 가장 보편적인 게임방법이다.

※ 이는 국제대회, 전국대회 등의 일반적 운용기준이며, 대회의 성격 및 규모에 따라 매 홀마다 승자를 가리는 '매치 플레이(match play)' 등도 선택적으로 가능하다.

② 단체전의 동점자 처리방법은 5명의 기록 중 1위의 기록과 5위의 기록의 차이가 적은 팀이 승리 한다. 그마저 같다면 각 팀 1위의 성적을 개인전 방식으로 비교하여 결정한다.

③ 각 홀에서 맨 먼저 던지는 선수를 '오너'라 부른다. 오너는 다음 홀을 시작하기 전에 던지기 순서를 발표한다. 처음 던지기(티샷;tee shot or 티드로우;tee throw)는 단체전 특성상 기록지의 1번 선수가 제일

먼저 던진다.(즉 오너를 맡는다)

④ 1번 홀의 티샷은 순서를 정하고, 두 번째 샷 이후부터는 원반골프캐쳐를 기준으로 먼 사람부터 먼저 던진다.

⑤ 2번 홀 이후의 티샷은 앞의 홀에서 스코어가 높은 사람부터 먼저 던진다. 만약, 동점인 경우는 그 이전 홀로 거슬러 올라가서 스코어가 높은 사람부터 던진다.

⑥ 나무 또는 장애물 위에 원반이 떨어진 경우에는 바로 밑에 표시를 하고, 그 위치에서 다음 던지기를 실시한다.

⑦ 원반은 던지는 것뿐만 아니라 굴리고 미끄러뜨려도 무관하며, 비행 성능이 다른 원반을 준비해서 던지기를 할 때 마다 상황에 맞는 원반을 알맞게 구분해서 사용한다.

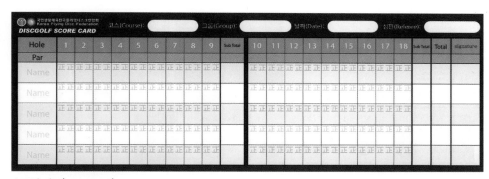

스코어 카드(score card)

b. 점수(Score)

① 각 홀에서 던진 티드로우를 포함해 원반을 원반골프캐쳐에 넣기까지의 횟수가 점수가 되며, 각 홀에서 기록한 점수들을 더한 총점이 최종 점수가 된다.

② 타수에는 원반을 던진 횟수뿐만 아니라 벌타(규칙 위반, OB 등)도 포함된다.

③ OB인 경우 그 점수에 동그라미를 쳐서 표시한다.

④ 스코어 카드에는 경기 시작 전 던지는 순서가 결정되면 그 순서에 따

라 선수 명단을 적고, 한 장의 스코어 카드에 라운딩 참가 선수들의 점수를 기록한다.

④ 처음에는 오너가 기록하지만 이후에는 스코어 카드에 이름이 적힌 순서대로 돌아가면서 기록한다. 점수를 기록할 때 오너는 차례대로 선수 이름을 부르고 선수는 자신이 얻은 점수를 불러준다. (성인부, 심판이 없는 경우)

⑤ 학생부의 경우 스코어는 심판(경기기록원)이 기록하고 경기 종료 후에는 반드시 스코어 카드에 서명을 실시한다. 서명 후 모든 경기자에게 공개한다. 최종라운드 종료 후에는 점수를 합산하고 서명을 한다.

c. 벌투 (페널티 드로우 : penalty throw)

① 대회 주최측은 벙커, 덤불, 개울, 도로, 웅덩이 또는 특정한 지형(출입금지구역 등) 등을 OB(Out of bound)로 정할 수 있다. 이 OB지역에 원반이 떨어지거나, 경기장 밖으로 벗어나면 OB로 선언되며 벌투가 주어진다. 이 경우 OB구역으로 들어간 지점에서 경기장 안으로 3족장 이동하여 다음 던지기를 한다.(원반이 떨어진 지점이 아니라 원반이 페어웨이에서 OB지역으로 나간 지점)

② 나무에 원반이 올라간 경우, 2미터 이상 높이에 올라가 있으면 OB로 간주된다.

③ 심판은 선수가 라이*를 벗어났다고 판단하면 선수에게 1벌타를 부여할 수 있다.

*라이 : 하단 "e. 마커 사용법 ⑤" 참조

④ 위험요소가 있는 지역에 원반이 떨어졌을 경우 심판은 안전한 페어웨이로 원반을 이동하게 한 후, 1벌투를 부여할 수 있다.

⑤ (구제규정) 원반이 경기장 안에 떨어져 OB는 아니지만 펜스나, 인공시설물, 물가, 낭떠러지 등 시설물 보호 또는 위험사항 등으로 인하여 던지는데 방해가 될 경우, 경기자는 3족장을 이동하여 마커로 표시한 후 그곳에서 던질 수 있다. 이 경우 OB가 아니며 벌투가 부과되지 않는다.

d. OB 이후 던지는 지점

① 원반이 OB지역으로 들어간 경우. 페어웨이와의 경계선에 원반이 들어간 지점을 해당 원반으로 표시한다. 이곳에서 3족장 수평 방향으로 나아가 마커로 표시한 후 그곳에서 던진다.

② 원반이 공중을 날아 OB지역에 들어간 경우 그 경계선을 수직으로 내린 지면을 원반의 아웃 지점으로 간주한다.

③ 원반이 아일랜드 홀을 공략하다가 OB가 난 경우에는 페널티 드로우를 던지는 지점이 두 가지로 다를 수 있다.

· 아일랜드 홀의 페어웨이를 공중 통과 또는 지면을 터치한 후 아웃한 경우 1벌투가 부과 되고 아일랜드 홀에서 3족장을 바스켓 방향으로 나아가 던질 수 있다.

· 아일랜드 홀의 공중 또는 지면에 못 미치고 OB가 난 경우, 원반을 던진 지역의 페어웨이 쪽-OB지역의 근처 페어웨이가 아닌-으로 되돌아가 원반이 나간 지점을 찾아서 마커로 라이를 표시한 후 던진다. 만약 티 드로우(tee throw)라면 리티(Re-tee;재시도)를 한다.

e. 마커 사용법

① 마커는 원반이 떨어진 지점을 표시하기 위한 원반이다

② 마커를 직접 밟지 않고 원반이 떨어진 자리 즉, 라이를 밟고 경기를 실시한다.

③ 원반이 떨어진 지점에서 원반을 들어올리기 전에 원반의 앞쪽(원반 골프캐쳐의 직선 방향) 테두리에 마커를 붙여 놓거나 겹치게 한 상태로 놓는다.

④ 경기자는 이렇게 한 후 마커 뒤에 원반이 놓였던 자리에 발을 놓고 다음 던지기를 한다

⑤ 원반이 손을 떠나는 순간 경기자의 한 발은 바로 이 지점에 있어야 한다. 이 지점을 라이라고 한다. 통상 22cm 전후 (원반의 크기)

⑥ 10미터 이내에서 퍼팅할 경우 던진 후 한 발이 마커 위치에 떨어지거나 균형을 잃어서는 안 된다.(바스켓으로부터 10미터 이내, 퍼팅존)

⑦ 10미터 이내에서 경기자는 퍼팅 후 한쪽 발이 라이를 밟고 있는 상태에서 마커를 집어 들어야 한다.

⑧ 10미터 이내에서 균형을 잃어 라이를 디딘 발이 떨어진 경우 또는 두 발 중 어느 한 발을 마커 앞으로 디딘 경우 1 벌투가 부과된다.

f. 안전 규정

① 원반골프를 하는 사람은 나와 상대방 그리고 관객의 안전을 고려해야 한다. 가장 중요한 것은 원반을 함부로 던지지 않는다는 것이다. 특히 전면에 사람이 있는 상황에서는 원반을 던지면 안 된다.

② 경기 중에 앞서 진행하는 그룹이 홀 아웃을 하지 않은 상황이라면 기다렸다가 던지기를 해야 한다.

③ 같은 그룹에서도 그룹 내 경기자들이 원반을 다 던진 후에 보조를 맞추어 원반이 떨어진 곳으로 이동한다.

④ 원반골프캐쳐를 기준으로 더 멀리 떨어져 있는 원반의 경기자부터 던진다.

⑤ 경기자는 내 원반이나 남의 원반을 지나쳐서 앞으로 나아가서는 안 된다.

라 · 심판법

※ 본 심판법 내용은 2014년 전국 학교스포츠클럽대회 심판 매뉴얼이며, 대회 성격이나 향후 제도 정비 등에 따라 변경될 수 있음을 일러두는 바이다. 최신 심판법은 국민생활체육 전국플라잉디스크연합회 홈페이지를 통해 참조할 수 있다.

(1) 경기 방법

a. 단체전은 참가한 5명의 점수를 합산하여 그 기록이 좋은 팀부터 순위를 결정하는 방법으로 진행한다.

b. 18홀을 원칙으로 경기를 실시한다. 단 기상악화나 본부석의 판단에 의거하여 9홀로 경기를 실시할 수 있다.

c. 단체전의 동점자 처리방법은 5명의 기록 중 1위의 기록과 5위의 기록의 차이가 적은 팀이 우선 한다. 그마저 같다면 각 팀 1위의 성적을 개인전의 방식으로 비교하여 판단한다.

d. 이 경기방법 외의 사항은 국민생활체육 전국플라잉디스크연합회 원반골프 경기규칙에 따른다.

(2) 감독 및 지도교사/갤러리 주의사항

a. 지도교사 및 감독은 심판에게 항의하거나 어필할 수 없다.

b. 시합 중 교사나 지도교사는 항의 할 수 없으며 이를 어기고 심판에게 항의할 시 1차 주의(구두), 2차 경고(엘로카드), 3차 퇴장(레드카드)을 선언할 수 있다.

c. 지도교사(감독)가 경고를 받는 경우 팀 선수 전원에게 벌타(+1)를, 즉 총 +5를 준다.

d. 원반골프는 감독(지도교사)이 선수에게 T드로우 에어리어에 들어서기 전까지는 던지는 방법을 조언할 수 있다.

e. 갤러리의 경우 T드로우 에어리어 뒤쪽의 심판이 지정한 장소에서 관전은 가능하나 대회의 운영을 방해하는 행위(고함, 응원, 훈수, 항의 등)을 한 경우 1차 경고, 2차 퇴장을 선언할 수 있다. 퇴장에 불응 시 해당 팀에 벌타(+5)을 준다.

f. 갤러리의 경우 선수의 타수를 적는 행위나 불러주는 행위를 하여 시합을 방해한다고 판단되는 경우 1차 경고, 2차 퇴장을 선언할 수 있다. 퇴장에 불응

시 해당 팀에 벌타(+5)를 준다.

(3) 선수 주의사항

a. 던지는 선수는 갤러리나 지도교사를 바라보고 훈수해 줄 것을 요구하는 행위나 타 선수의 시합을 방해하는 경우 1차 지도(구두), 2차 경고(벌타 +1), 3차 최저타수(해당 홀 10타 기록)를 명할 수 있다.

b. 마커의 사용은 심판이 안내하고 규정을 어긴 경우 1차 지도(구두), 2차 경고(벌타 +1), 3차 경고(벌타 +1)를 명할 수 있다.

c. 던지는 선수는 T드로우 에어리어에 위치하여 10초안에 던져야 한다. 규정을 어긴 경우 1차 지도(구두), 2차 경고(벌타 +1), 3차 경고(벌타 +1)를 명할 수 있다.

d. 선수는 심판의 지시에 무조건 따라야 한다.

e. T드로우 에어라인을 넘어가서 던진 경우 1차 지도(구두), 2차 경고(벌타 +1), 3차 경고(벌타 +1)를 명할 수 있다.

f. 모든 선수가 원반을 던진 후 이동한다. 이를 어긴 경우 1차 지도(구두), 2차 경고(벌타 +1), 3차 경고(벌타 +1)를 명할 수 있다.

g. 시합 중인 원반을 분실하거나 장애물(위험지역)에 올라가 해당 원반 사용이 불가한 경우는 벌타(+1)를 받고 심판이 지정한 위치에서 던져야 한다.

h. 구제 규정
   페어웨이 안에 캐주얼워터해저드(비나 눈으로 인해 임시로 생긴웅덩이), 인공설치물 나무 등으로 인하여 라이의 불분명함 또는 마커의 표시가 힘든 상황에서 오비지역이 아닌 경우 벌타를 받지 않고 캐주얼워터해저드 가장자리 또는 인공설치물에서 3족장(90cm) 떨어져서 안전하게 경기를 진행한다.

i. 선수는 예비 원반을 준비하여 시합에 임한다.

(4) 선수입장

a. 심판은 시합 전 지도교사를 호출하여 지도교사 주의사항을 전달한다.

b. 심판은 출전선수의 명단과 배번을 기록지와 비교, 확인한다.

c. 심판은 코스에 대한 설명과 선수 주의사항을 설명한다.

d. 선수의 던지는 순서를 원반 던지기(앞,뒤)로 선수들이 정한다.

e. 지도교사 및 감독은 선수 뒤에 있어야 하며, T드로우 에어리어 뒤편 지정된 장소에 있어야 한다. 단, 그린에 함께 들어 갈 수 있으나 던지는 선수 후방에 있어야 한다.

f. 선수 5명, 감독 1명, 심판, 경기운영요원 이외 누구도 경기코스에 진입을 할 수 없다. 단, 주관 언론사 취재 및 대회 위원은 예외이며, 이들 역시 경기에 방해를 주어서는 안된다.

g. 심판은 매 홀마다 경기결과(타수)를 선수에게 알려준다.

h. 심판은 어떠한 경우에도 선수에게 조언하지 않는 것을 원칙으로 한다.
   단, 학생스포츠클럽 특성상 규정에 대한 문의시 대답을 해 주어도 무방하다.

i. 위험요소가 있을 것 같은 경우 심판은 경기를 중단시키고 안전하게 유도한다.

(5) 경기운영

a. 첫홀의 던지기 순서는 원반 던지기(앞,뒤)로 정한다. 단 단체전의 특성상 선수의 이름은 본부석에서 정해진 기록지 순서대로 심판은 사용한다.

b. 두 번째 던지기는 폴 홀로부터 가장 멀리 있는 선수부터 던지도록 한다.

c. 학교스포츠클럽 특성상 예외 조항으로 학생들의 실력편차가 너무 커서 위 b항으로 기록하는데 어려움이 있을시 심판 재량으로 폴 홀의 거리와 상관없이 1번 선수부터 순서대로 던지게 할 수 있다.

d. 매 홀이 끝날 때마다 심판은 기록하여 선수에게 알려주어야 하며, 최종라운드가 끝나면 점수를 합산하고 해당선수의 기록 확인 사인을 받는다. 사

인이 없는 경우 기록을 인정하지 않는다.

(6) 경고 및 퇴장규정

a. 심판의 판정에 대하여 거친 항의(욕설, 몸싸움, 시합방해) 등으로 더 이상 경기진행이 힘들거나 상대편 팀에게 영향을 줄 수 있는 상황이라 판단되면 해당 선수 및 감독(지도교사)에게 주의, 경고 없이 바로 퇴장을 줄 수 있으며, 퇴장된 본인은 경기장으로부터 최소 50미터 이외의 지역으로 물러나야 하며 경기에 관여할 수 없다.

b. 선수에게 주의-경고-퇴장 등의 명령을 내릴 수 있으며 경고나 퇴장은 기록지에 규정에 의거하여 기록한다.

c. 퇴장된 선수와 감독(지도교사)은 경기에 투입되지 못하며, 이후의 경기도 참여할 수 없다. 심판은 퇴장을 조치하고 명단을 본부석에 보고한다.

d. 심판의 퇴장명령에 불복종 시 해당학교는 전국스포츠클럽대회 참가를 2년간 제재할 수 있다.

얼티미트

Chapter 1 • 원반골프
가. 개요 / 나. 시설과 용품
다. 경기방법 / 라. 심판법

Chapter 2 • 얼티미트
가. 개요 / 나. 시설과 용품
다. 경기방법 / 라. 심판법

Chapter 3 • 플라잉디스크 윷놀이
가. 개요 / 나. 시설과 용품
다. 경기방법 / 라. 심판법

Chapter 4 • 거츠
가. 개요 / 나. 시설과 용품
다. 경기방법

Chapter 2

얼티미트

가 · **개요**

얼티미트는 팀 당 7명으로 구성되며 원반으로 경기하는 팀 스포츠이다. 럭비, 미식축구와 비슷한 직사각형 경기장에서 상대와 마주하고 경기를 시작하며, 상대편 진영의 엔드 존(end zone)에 터치다운(공격하는 엔드 존 내에서 패스를 받아내는 것)을 하면 득점을 획득한다.

던지는 선수는 원반을 가지고 뛸 수 없으나, 팀원 누구에게나 어느 방향으로든지 원반을 패스할 수 있다. 패스가 실패할 경우, 공격과 수비가 교체된다. 패스만으로 상대 진영까지 이동해야 되기 때문에 개인의 기술보다는 팀 상호간의 협동이 중요하다. 따라서 성장기 학생들의 인성 함양에 도움이 되는 종목이다. 또한, 심판이 존재하지 않기 때문에 선수(특히 학생) 상호간의 스포츠맨십과 책임감을 기를 수 있는 장점이 있다.*

국제대회의 경우 경기는 일반적으로 17점까지 진행되며, 약 100분 정도 진행하여도 점수가 도달하지 못한 경우 경기를 마무리 하고 그때 까지의 점수로 승리팀을 가린다. 경기의 성격에 따라 시간제(전후반, 쿼터제)로 운영하기도 한다.

얼티미트는 신체의 접촉이 금지된다.

*한국에서는 얼티미트 종목을 대중 스포츠화 하기 위하여 심판을 두어 운용하고 있다. 특히 학교스포츠클럽에서는 정확한 판정을 위해 2인 이상의 심판을 두어 운영하기도 한다.

나·시설과 용품

(1) 경기장

a. 경기장 명칭

① 엔드 존(End Zone) : 경기 시작 위치. 상대편 엔드존에 들어가 패스를 받으면 득점한다.

② 엔드 라인(End Line) : 엔드 존의 바깥쪽 라인

③ 골 라인(Goal Line) : 엔드존의 안쪽 라인

④ 사이드 라인(Side Line) : 경기장 양쪽 측면 라인으로 OB지역 구분

⑤ 브릭 마크(Brick Mark) : 엔드존 아웃, 사이드라인 아웃 등의 경우 공격할 수 있는 지점

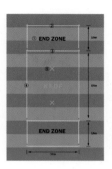

◀국제 경기장(정식 규격)
• 길이 100m × 폭 37m
• 엔드존 18m
• 브릭 마크 : 골라인에서 18m 앞

청소년 경기장▶
• 길이 75m × 폭 37m
• 엔드존 12.5m
• 브릭 마크 : 골라인에서 12.5m 앞

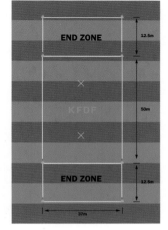

b. 국제 경기장(성인경기장, 정식 규격, 7인제)

직사각형 모양으로 미식축구처럼 경기장 양끝에 엔드존이 존재한다. 국제대회 경기장은 길이 100m, 폭 37m 크기이며, 길이 18m, 폭 37m 크기의 2개의 엔드존이 구성된다. 얼티미트 경기는 실내에서 축소하여 미니게임도 가능하지만, 안전 목적상 실외에서 실시하는 것이 좋다.

c. 청소년 경기장(학교스포츠클럽 규격, 7인제)

전국 학교스포츠클럽 대회는 7인제, 75m(길이)×37m(폭) 규격의 경기장에서 진행되며, 지역대회는 여건에 따라 5인제, 56m(길이)×32m(폭) 규격을 사용한다. 경기장의 크기는 학교 여건에 따라 변경이 가능하다.

(2) 원반

- 지름 27.5cm, 무게 175g 전후로 사용
- 패스를 주고받는 용도이므로 잡을 때 휘거나 구부러지지 않도록 플라스틱 재질로 단단하게 제작되었다.
- 원반이 커서 체공시간이 길고 손에 잘 잡혀 주고받기가 용이하지만, 반면에 원반이 커서 날리기가 쉽지 않으므로 많은 연습이 필요하다.

(3) 유니폼

- 축구 유니폼과 거의 유사하다.
- 상의 앞, 뒷면에 번호가 표시되어야 한다.
- 같은 팀에서 번호가 중복되어서는 안된다.
- 유니폼 색상이 유사하여 혼돈을 초래할 경우 홈팀이 팀 조끼를 착용하며 이 경우 번호를 구분할 수 있어야 한다.

다·경기방법

(1) 선수

선수는 각 팀이 7명으로 구성된다. 선수교체는 어느 한 팀이 득점을 한 후 등록선수내에서 제한 없이 가능하며, 득점상황이 아니더라도 선수가 부상을 입었을 경우에는 부상선수 교체가 가능하다. 이때 상대팀도 같은 수의 선수교체가 가능하다.

(2) 경기 시작

경기 시작 전, 양 팀 선수들은 자기 팀의 엔드 존(end zone)에 일렬로 서서 대기한다. 경기 개시 전에 공격과 수비를 정해서 각각의 엔드 존(end zone)에서 경기를 시작한다. 공격팀은 엔드 존(end zone)의 골라인을 밟고 있어야 하고 수비팀은 엔드 존(end zone) 안에 전원 위치하여야 한다.

수비팀이 원반을 던질 준비가 되었다는 신호를 보내고 공격팀을 향하여 원반을 던져주면 경기가 시작 된다. 이것을'풀(pull)'이라고 한다. 풀(pull)을 하기 전에 어느 팀이라도 골라인보다 앞에 나가서는 안 된다.

양 팀 모두 상대의 엔드 존(end zone)이 골 존(goal zone)이 되고, 공격 팀은 자기편끼리 원반을 패스하여 공격을 한다.

(3) 득점

공격을 진행하는 팀이 패스를 통하여 상대팀의 엔드 존(end zone)까지 이동하여 엔드 존(end zone) 안에 있는 같은 팀 동료가 성공적으로 잡을 경우 터치다운(touch down)이라고 하며, 1득점을 얻게 된다.

엔드 존(end zone)에서 원반을 잡고 관성에 의해 몸이 나간 것은 득점으로 인정한다.

공격팀이 자신의 팀 엔드 존(end zone)에 있는 동료에게 패스하다가 상대방 수비팀이 인터셉트하여 잡은 경우에는 수비팀 득점으로 인정한다.

득점 성공 후에는 득점을 한 팀이 경기 시작과 마찬가지로 엔드 존(end zone) 안에서 상대팀에게 원반을 풀(pull)하며 경기를 재개한다.(공수 교대)

경기 종료 시 높은 점수를 획득한 팀이 승리한다.

(4) 공수 전환

a. 공수 전환 사례
- 패스한 원반이 지면에 떨어진 경우
- 수비에게 인터셉트(intercept)를 당하는 경우
- 시간을 지연하는 경우(stalling-out*)
  *수비수가 원반을 가진 공격수의 3m 이내에 접근하여 'stalling'이라고 콜을 한 후 1초 간격으로 10까지 세는 동안(10초), 공격수가 원반을 던지지 못한 경우를 뜻한다. 심판이 있는 경우 선수가 'stalling'을 하지 않는다.
- 기타 반칙을 했을 경우

b. 브릭 마크(brick mark)

풀(pull)을 했을 때 원반이 경기장 밖으로 나가거나, 필드에 닿지 않은 채 OB지역으로 떨어져(사이드라인 아웃도 동일) 공수전환이 되는 경우 심판에게 의사표시를 하면 브릭마크에서 시작할 수 있다. 의무사항은 아니며 상황 및 작전에 맞게 선택할 수 있다.

(5) 세부 규칙

a. 마킹(Marking)

· 1:1 수비가 원칙이다. 2명 이상의 수비가 1명의 공격을 수비하지 못한다. (더블 팀 금지)
· 수비 선수는 공격 선수가 들고 있는 원반을 빼앗거나 잡을 수 없다.

b. 아웃 오브 바운드(Out of Bound : OB)

· 공격 도중 원반을 경기장 밖에서 받은 경우 또는 원반이 경기장 밖으로 나간 경우에 해당되며, 패스 도중 원반이 바닥에 떨어진 경우처럼 공격권이 전환된다.

c. 인터셉트(Intercept)

· 수비 팀이 공격 팀의 패스를 가로채기하면 공수가 전환된다.
· 수비 선수의 신체에 맞고 떨어져도 인터셉트로 인정하여 공수가 전환된다.
· 공격 팀과 수비 팀이 동시에 원반을 받을 경우에는 공격 팀에게 우선권을 부여한다.(단 원반을 강제로 가로채듯이 빼앗으면 공격권을 상실한다.)
· 공격팀이 던진 원반이 수비수 손에 맞고 다시 공격팀이 잡은 경우도 그대로 공격팀 공격권으로 인정한다.

d. 워킹 파울(Walking traveling)

· 원반을 갖고 있는 공격수는 걸을 수 없으며 한발(축)만 땅에 댄 채 다른 발은 자유롭게 움직일 수 있다(피봇). 이 경우 축이 되는 발을 떼면 워킹 파울이다.(피봇 축을 유지 하지 못하면 공수 전환)

e. 10초 룰

· 원반을 받은 사람은 10초 이내에 던져야 한다. 심판이 있는 경우에는 심판이 시간을 체크하며, 심판이 없는 경우에는 수비자가 초를 세어준다.

f. 디스크 스페이스(Disc Space)

· 수비수는 원반을 가지고 있는 공격수가 피봇할 수 있는 최소한의 거리 (30~40cm)를 유지한다. 수비수가 심하게 붙을 경우 심판이 제지한다. 원반이 손을 떠나는 순간 손, 발 또는 몸으로 커트가 가능하다.

g. 사이드라인 아웃(Sideline out)

· 원반이 아웃된 해당 위치(사이드라인)에서 공수가 전환되어 경기가 재개된다.
· 던진 원반이 사이드라인을 넘어서 다시 경기장 안으로 들어오면 OB가 아니며 인플레이 상태로 경기는 계속된다.
· 원반을 잡는 과정에서 경기장 안에서 잡고 관성에 의해 밖으로 나간 경우에도 인플레이로 인정한다.
· 원반이 사이드라인으로 나가게 될 때 경기장 안에서 점프하여 공중에 떠있는 상태로 잡아서 던지는 것은 패스로 인정한다.

h. 엔드존(End Zone)

· 엔드존 내에 한 발이 들어가 있고 나머지 한 발은 지면을 딛고 있지 않은 상황에서 원반을 받고 나머지 한 발이 엔드존 안으로 들어와도 득점으로 인정 된다.

- 점프한 상황에서 원반을 받고 엔드존 안에 첫 착지를 하면 득점으로 인정 된다.
- 엔드존 내에서 수비 팀이 반칙을 범하여 캐치한 원반을 떨어트려 터치다운이 실패 한 경우 득점으로 간주하여 공격 팀이 득점하게 된다.
- 원반이 엔드존 밖에 떨어진 아웃 상황인 경우 공격팀은 골라인까지 나와서 던져야 한다.
- 엔드존 안에서 인터셉트가 이루어 졌을 경우 가까운 골라인 까지 나와서 경기를 진행 한다.

i. 신체 접촉 금지(Non Contact)
- 원반을 갖고 있는 공격수에게 신체 접촉을 하면 파울이다.
- 공격수가 던진 원반을 잡는 과정(점프 상황 등)에서의 수비수와 공격수의 접촉은 허용된다.(단, 손이나 발로 미는 행위는 파울)

j. 패스 규칙
- 자신이 던진 원반은 자신이 다시 받을 수 없다. 단, 다른 선수(팀 무관) 손에 맞고 나온 것은 가능하다.
- 날아오는 원반을 공중 점프해서 캐치와 동시에 패스가 가능하다. 단, 착지 후에는 다시 점프하면서 패스하는 것은 불가하다.
- 낮게 날아오는 원반을 발로 쳐내어 같은 편에게 전달했을 경우 패스로 인정한다.
- 원반을 상대방 얼굴을 향해 던지는 시늉을 하면 파울이다.
- 공격수가 같은 팀원에게 던져줄 수 있는 패스의 거리는 3m 이상이여야 한다.
- 날아오는 원반을 손으로 여러 번 쳐내서 잡아도 인정된다.

k. 심판
- 심판이 없이 경기를 하는 경우, 선수 상호간 존중과 믿음 속에 반칙과 아웃 등을 결정한다. 분쟁 발생 시 두 팀이 합의하에 분쟁을 해결한다.

만약, 합의가 이루어지지 않을 경우 이전 플레이 상황으로 돌아간다.

· 심판이 없는 경우에 '파울'이 발생 한 경우 모든 선수들은 '파울'이라 외치고 경기를 중단한다. 파울을 양 팀 선수들이 인정한 후 수비 선수 가 공격 선수가 소유하고 있는 원반을 터치(체크인) 한 후 '플레이'라 는 구령과 함께 경기를 재개한다.

· 우리나라의 경우 얼티미트 정착과 대중스포츠로의 발전을 위하여 심 판을 두어 운영하며, 특히 학교스포츠클럽의 경우 학생들의 부상예방 과 원활한 경기 진행을 위해 심판이 존재한다.

라 · 심판법

※ 본 도서에서는 2014년 전국 학교스포츠클럽대회 심판 매뉴얼을 참고사항으로 기재하며, 대 회 성격이나 향후 제도 정비 등에 따라 변경될 수 있음을 일러두는 바이다. 최신 심판법은 국 민생활체육 전국플라잉디스크연합회 홈페이지를 통해 참조할 수 있다.

(1) 경기방법

a. 전 · 후반 각각 10분씩으로 하며 휴식시간은 5분을 준다.

b. 타임아웃은 한 팀에서 전,후반 1번씩 총 2번을 실시할 수 있다. 시간제한은 1분이다.(어느 한 팀이 득점하여 경기가 잠시 멈추었을 때)

c. 이 경기방법 외의 사항은 전국플라잉디스크연합회 얼티미트 경기규칙에 따 른다.

(2) 감독 및 지도교사 주의사항

a. 지도교사 및 감독은 심판에게 항의하거나 어필할 수 없다.

b. 시합 중 지도교사(감독)는 항의할 수 없으며 이를 어기고 심판에게 항의할 시 1차 주의(구두), 2차 경고(엘로카드), 3차 퇴장(레드카드)을 선언할 수 있다. 경고를 받는 경우 상대팀에게 공격권을 부여한다.

c. 얼티미트는 경기 중 감독(지도교사) 이외에는 지시를 내릴 수 없다. 이를 어길 경우 1차 주의(구두), 2차 경고(엘로카드), 3차 퇴장(레드카드)을 선언할 수 있다. 경고나 퇴장의 경우 상대팀에게 공격권을 부여한다.

d. 갤러리의 경우 심판이 지정한 장소에서 관전은 가능하나 대회의 운영을 방해하는 행위(지나친 고함, 응원, 훈수, 항의 등)를 한 경우 1차 경고, 2차 퇴장을 선언할 수 있다. 퇴장에 불응 시 상대 팀에 공격권을 준다.

(3) 선수 주의사항

a. 선수는 심판의 지시에 무조건 따라야 한다.

b. 시합 중 선수는 항의할 수 없으며 이를 어기고 심판에게 항의할 시 1차 주의(구두), 2차 경고(엘로카드), 3차 퇴장(레드카드)을 선언할 수 있다. 경고나 퇴장을 받는 경우 상대팀에게 공격권을 부여한다.

c. 심한 접촉이나 몸싸움을 하는 경우 1차 주의(구두), 2차 경고(엘로카드), 3차 퇴장(레드카드)을 선언할 수 있다. 경고나 퇴장을 받는 경우 상대팀에게 공격권을 부여한다.

d. 퇴장을 한 선수는 다음 경기부터 시합에 참가할 수 없다.

e. 심판의 고유권한(10초룰 세기, 점수획득 판정 등)을 방해하는 행위를 한 팀이나 개인에게는 1차 주의(구두), 2차 경고(엘로카드), 3차 퇴장(레드카드)을 선언할 수 있다. 경고나 퇴장을 받는 경우 상대팀에게 공격권을 부여한다.

(예시) 10초룰 세기의 경우 심판이 카운트를 하게 되어있으나 상대편 선수나 상대편 후보 선수가 세는 경우

(4) 선수입장

a. 심판은 시합 전 지도교사를 호출하여 지도교사 주의사항을 전달한다.

b. 심판은 출전선수의 명단과 배번을 확인한다.

c. 심판이 앞서고 양팀 선수가 그 뒤를 따라 입장한다. (심판은 '선수 입장'이라고 말한다. 단 장내 아나운서가 있는 경우 아나운서가 입장지시 가능)

d. 심판은 양팀 마주보고 인사를 시킨다.

e. 선수 주의사항을 전달한다.(풀 하는 방법 설명, 몸싸움 방지, 페어플레이정신 강조, 상대선수에 대한 배려, 심판의 판정 복종 등)

f. 선 공격팀을 결정한다. 양 팀 주장을 불러 심판이 직접 원반의 던지기(앞뒤)를 통해 결정한다.

g. 수비팀은 진영을 우선 결정할 수 있다.(진영 결정 후 수비팀에게 원반을 전달해 준다.)

h. 엔드존 안의 수비수와 공격수의 위치를 확인한다.

i. 심판은 수비팀에게 팔을 펴고 손바닥을 보인체로 시선은 공격팀이 엔드라인 선에 정렬되어 있는지 확인하고, 선수로부터 준비되었다는 수신호를 받는다.

j. 심판은 이제 수비팀을 응시하고 호각을 불며 던지는 방향으로 팔의 방향을 던지는 방향으로 바꾸어 준다.

(5) 경기운영

a. 원반을 떨어뜨리거나 OB가 되어 자연스럽게 공수가 교대 되면 경기의 흐름을 끊지 않기 위하여 호각을 불지 않고 공격 방향만 손으로 가리키며 '공수전환' 또는 '오비 공수전환'이라고 말한다.

b. 반칙이 일어난 경우는 호각을 강하게 한 번 불어 경기를 중지 시킨다.

c. 경기가 과열 되거나 관중의 응원으로 선수가 호각을 듣지 못한다고 판단되면 짧게 끊어 여러 번 불어 선수가 인지하도록 한다.

d. 타임아웃 요청이나 부상선수 발생 등 경기를 멈추어야 할 때는 호각을 짧게 두 번만 불어준다.

e. 전반 또는 후반 등 경기가 마무리 될 때는 호각을 짧게 두 번, 길게 한번 총 세 번 불어준다.

f. 선수교체는 등록선수 내에서 수시로 교체가 가능하며 부상자 발생 이외에는 어느 한 팀이 득점이 되었을 때만 가능하며 심판의 허락 없이 빠르게 선수교체가 가능하다. 단 선수 교체 시 달려서 입장, 달려서 퇴장하여 시간의 지연을 방지한다.

(6) 경고 및 퇴장규정

a. 심판의 판정에 대하여 거친 항의(욕설, 몸싸움, 시합방해) 등으로 더 이상 경기진행이 힘들거나 상대편 팀에게 영향을 줄 수 있는 상황이라 판단되면 해당 선수 및 감독(지도교사)에게 주의, 경고 없이 바로 퇴장을 줄 수 있으며, 퇴장된 본인은 경기장으로부터 최소 50미터 이외의 지역으로 물러나야 하며 경기에 관여할 수 없다.

b. 선수에게 주의-경고-퇴장 등의 명령을 내릴 수 있으며 경고나 퇴장은 규정에 의거하여 상대편에게 공격권을 부여한다.

c. 퇴장된 선수와 감독(지도교사)은 경기에 투입되지 못하며, 이후의 경기도 참여할 수 없다. 심판은 퇴장을 조치하고 명단을 본부석에 보고한다.

d. 심판의 퇴장명령에 불복종 시 해당학교는 전국스포츠클럽대회 참가를 2년간 제재할 수 있다.

플라잉디스크 윷놀이 Chapter 3

Chapter 1 • 원반골프
가. 개요 / 나. 시설과 용품
다. 경기방법 / 라. 심판법

Chapter 2 • 얼티미트
가. 개요 / 나. 시설과 용품
다. 경기방법 / 라. 심판법

Chapter 3 • 플라잉디스크 윷놀이
가. 개요 / 나. 시설과 용품
다. 경기방법 / 라. 심판법

Chapter 4 • 커츠
가. 개요 / 나. 시설과 용품
다. 경기방법

Chapter 3 # 플라잉디스크 윷놀이

가 · 개요

도, 개, 걸, 윷, 모, 뒷도 등 6개의 글자가 적힌 플라잉디스크 문자판 타겟을 설치하고, 3미터 · 4미터 · 5미터 등 선수 종별 및 대회 성격에 따라 던지는 위치를 구분 설정한다. 원반을 던져서 문자판 타겟을 통과하면 해당 문자판의 글자에 맞게 말판을 움직여 게임을 진행한다. 전통 윷놀이와 동일한 방식이며, 윷 대신 원반을 던지는 것만 다르다.

다른 플라잉디스크 종목과 달리 실내 및 좁은 공간을 활용하여 즐길 수 있으며, 던지기 연습을 즐겁게 하기에 효과적이다. 남녀노소 참여에 제한이 없고, 특히 어르신 및 장애우가 참여하기에 적합하여 모든 세대와 계층이 함께 즐길 수 있는 종목이다. 또한 특정 문자판을 맞추기 위해 집중력이 필요하고, 말의 이동 시 여러 가지 전략적인 선택을 통해 창의성 향상이 기대된다.

나 · 시설과 용품

(1) 윷놀이 타겟과 말판

a. 공인 플라잉디스크 윷놀이 타겟은 9단 문자판으로 총 9개의 판에 '도, 개,
   걸, 윷, 모'가 표시되어 있다. 뒷면에는 숫자가 표시되어 있어 빙고 등의 다
   양한 타겟 게임이 가능하다. 원반이 윷놀이판을 통과해야 하기 때문에 조
   립 시 견고함이 필요하다.
b. 윷놀이의 말판은 운동장에 그리거나 또는 화이트보드를 이용해서 직접 제
   작이 가능하다. 윷놀이의 말 역시 동전이나 바둑알 등 주변에서 쉽게 구할
   수 있는 재료를 활용하여 사용가능하다. 흥미를 더해주기 위해 팀 동료가
   말의 역할을 하는 경우도 있다.

플라잉디스크 윷놀이판

플라잉디스크 윷놀이 말판

(2) 원반

- 지름 27.5cm, 무게 175g 전후로 사용
- 미드레인지(어프로치) 원반 : 지름 21.5cm, 무게 120~172g
- 현재 플라잉디스크 윷놀이에는 디스크골프 공인원반을 사용하고
  있다.
- 향후 변경될 수 있으므로 추후 사용원반에 대해서는 KFDF 홈페
  이지를 참조 하여야 한다.
- 다만, 미드레인지가 주로 권장되어 각종 대회에서 많이 사용되고
  있다.

(3) 경기장

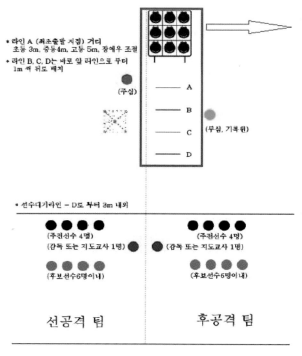

경기장 및 선수대기, 응원단 전체 안내도

* 라인 A (최초출발 지점) 거리
  초등 3m, 중등 4m, 고등 5m, 장애우 조절
* 라인 B, C, D는 바로 앞 라인으로 부터
  1m 씩 뒤로 배치

(주심)

(부심, 기록원)

A
B
C
D

* 선수대기라인 - D도 부터 3m 내외

(주전선수 4명)
(감독 또는 지도교사 1명)
(후보선수6명이내)

(주전선수 4명)
(감독 또는 지도교사 1명)
(후보선수6명이내)

선공격 팀   후공격 팀

응원단

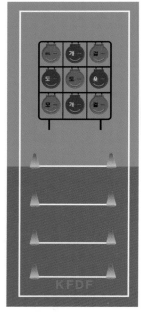

경기장 안내도(확대)

A : 첫 시작점(1차 샷)
  • 3m, 4m, 5m 등
    선수 종별 및 대회별로 상이함
B : 1차 보너스 샷 (1차 샷 성공 시)
  • A라인 1m 뒤 지점
C : 2차 보너스 샷 (2차 샷 성공 시)
  • B라인 1m 뒤 지점
D : 3차 보너스 샷 (3차 샷 성공 시)
  • C라인 1m 뒤 지점

다 · 경기방법

(1) 선수

a. 선수는 한 팀이 4명으로 구성된다.

b. 팀당 후보 선수들을 포함하여 7명까지 참가 할 수 있으며, 등록선수 내에

서 교체 가능하다. 단, 선수가 던지기를 하고 있는 해당 이닝(보너스 투구 포함)에는 교체 불가능하며, 교체 아웃된 선수는 해당경기 재참여가 불가하다.

(2) 득점

a. 각 팀의 말은 4개로 한다. 하지만 상황에 따라 말의 수를 조정할 수 있다.
b. 원반을 던져 통과 되는 판의 명칭만큼 말을 이동시킨다.
c. 4개의 말이 먼저 모두 일순한 팀이 승리한다.
d. 1회전 경기로 실시되지만, 상황에 따라 3판 2선승제로 실시 할 수 있다.

(3) 규칙

a. 던지기를 실시한 선수가 직접 말을 이동한다.
b. 말은 던져서 나온 결과의 순서대로 말판에 기록한다.
c. 대항전을 실시할 경우 상대와 교대로 번갈아가며 던지도록 한다.
d. 던지기 실시 후 본인의 원반을 직접 회수한다.
e. 상대의 말을 잡거나 윷이나 모를 통과 시켰을 경우, 현 위치에서 1미터 뒤로 이동한 후 보너스 던지기를 실시한다.
f. 추가 보너스 던지기를 획득했을 경우, 다시 1미터 뒤로 이동하여 던지기를 실시한다. (2연속 보너스 던지기의 경우, 처음 투구한 위치보다 2미터 뒤에서 던지게 된다.)
g. 보너스 던지기는 총 3차까지 가능하며, 3차 던지기에서도 상대의 말을 잡을 수는 있으나 더 이상 보너스 던지기는 주어지지 않고 상대팀으로 차례가 넘어간다.
h. 뒷도의 경우 말을 진행방향에서 한 칸 뒤로 이동한다. 도 자리에서 뒷도가 나왔을 경우 최종 골인지점으로 이동하며, 다음 순서에 도 이상 나오면 일

순한 것으로 인정 된다.

i. 1차 던지기를 실시하는 거리*는 선수 종별에 따라 다르지만, 상황과 여건을 고려하여 조정 할 수 있다.

*학생부 : 초등 3m, 중등 4m, 고등 5m / 성인부 5m / 어르신 2m

j. 모든 경기는 선수가 결정하고 진행하도록 하며, 작전 타임은 감독이 해당 팀의 공격(던지는 기회)전에 요청할 수 있다. 팀당 총 2회 가능하며, 제한시간은 1분이다.

(4) 반칙

a. 선수가 말에서 손이 떨어지는 이 후에는 말에 손을 댈 수 없다. 결정이 완료된 것으로 판정되기 때문에 다시 말을 잡으면 반칙이 선언된다.

b. 선수가 실수로 말을 잘못 놓으면 심판은 그 말의 위치를 정정해 줄 수 있다. 다만 선수가 고의적으로 잘못 놓았다고 판단되면 주의나 경고를 줄 수 있고 경고를 받으면 해당 던지기는 무효 처리된다.

c. 던지기 라인을 밟게 되면 파울을 선언하고, 득점으로 인정되지 않는다.

(5) 심판

플라잉디스크 윷놀이는 심판이 2가지 색상의 깃발을 사용하여 경기를 통제한다.

a. 선수의 던질 준비가 완료되면 적색 깃발을 내려 '플레이'를 선언한다.

b. 원반이 정확히 타격 되었을 경우 황색 깃발을 들어 통과 된 명칭(도, 개, 걸, 윷, 모, 뒷도)을 선언한다.

c. 원반이 통과 되지 않을 경우 적색 깃발을 들어 '낙'을 선언한다.

라 · 심판법

(1) 경기방법

a. 모든 선수는 앞뒤에 선수 번호를 부착하고 시합에 참가한다.

b. 경기는 1회전으로 한다.

c. 말은 4개로 하고 4개의 말이 모두 일순하는 것을 1회전으로 한다.

d. 매 회전 일순한 말들을 기록하고 4개의 말이 먼저 모두 일순한 팀이 승리한다.

e. 이 경기방법 외의 사항은 전국플라잉디스크연합회 플라잉디스크윷놀이 경기규칙에 따른다.

(2) 감독 및 지도교사 주의사항

a. 지도교사 및 감독은 경기 중 심판에게 항의하거나 어필할 수 없다.

b. 경기 시작 전 선공과 후공을 심판의 중재로 결정하고 시합을 시작한다.

c. 시합 중 상대팀 교사나 지도교사는 항의할 수 없으며 이를 어기고 심판에게 항의할 시 1차 주의(구두), 2차 경고(엘로카드), 3차 퇴장(레드카드)을 선언할 수 있다.

d. 심판으로부터 지도교사가 경고를 받는 경우 해당 던지기의 점수는 무효처리 한다.

e. 모든 경기는 선수들이 결정하고 진행하도록 한다.

f. 감독 및 지도교사 또는 동료 선수 역시 원반을 던진 선수에게 말 놓는 법을 조언해서는 안 되며, 지도교사(감독)의 간섭(고함, 소리, 손짓 등)이나 동료 선수, 갤러리(학부모, 학교관계자)의 지시에 의해 던진 선수가 말을 옮겼다고 판단된 경우 파울을 선언하고 말은 움직이지 않고 공격권은 상대팀에게 넘어 간다.

g. 경기 중 시합상황에서 소속 팀의 순서가 된 경우, 선수가 원반을 던지기 전 지도교사가 심판에게 작전타임을 신청할 수 있다. 작전타임 시간은 1분이며 2회 실시한다.

(3) 선수 주의사항

a. 시합 중 타 팀의 선수와의 대화는 금지하며 대기 선수 상호간의 대화는 시합에 방해되지 않게 작은 목소리로 대화를 한다.

b. 던지는 선수는 자신의 팀원이나 지도교사를 바라보고 훈수해 줄 것을 요구하는 행위를 할 경우 1차 지도(구두), 2차 경고(엘로카드), 3차 퇴장(레드카드)을 명할 수 있다. 퇴장된 선수의 순서는 후보 선수가 들어와 시합을 진행한다.

c. 심판으로부터 경고를 받는 경우 해당 던지기의 점수는 무효처리 한다.

d. 던지는 선수는 10초 이내에 던져야 하며 시간 내에 던지지 못하면 파울로 간

주한다.

e. 선수는 심판의 지시에 무조건 따라야 한다.

f. 라인을 밟고 던진 경우는 파울이며 득점으로 인정되지 않는다. 던진 후에 심판이 판정을 내리기 전 선을 넘어가는 경우나 말을 잡고 이동하는 경우도 파울이며 득점으로 인정되지 않는다.

g. 말은 던진 순서대로 써야 하며, 반드시 던진 선수가 혼자 말을 이동하여야 한다.

h. 선수가 말을 이동하고 말에서 손이 떨어지는 순간 결정된 것으로 하며, 선수는 다시 말에 손을 댈 수 없다. 말을 다시 잡아 수정한 경우 파울로 선언하고 수정 전 위치(원위치)로 이동한다.

i. 선수가 실수로 말의 위치를 잘못 놓으면 심판은 경기를 일시 중단하고 말을 정확한 위치로 수정하여 놓을 수 있다.

j. 심판이 잘못 놓은 말을 보지 못하고 상대팀 주장이 이의 제기를 하지 않을 경우 경기는 계속 진행 한다.

(4) 선수입장

a. 심판은 시합 전 지도교사를 호출하여 지도교사 주의사항을 전달한다.

b. 심판이 앞서고 양팀 선수가 그 뒤를 따라 입장한다. 심판은 본부석에서 선수명단을 확인한 후 '선수 입장'을 호명한 후 입장한다. 단, 장내 아나운서가 있는 경우 아나운서가 입장을 지시할 수 있다.

c. 입장후 양팀 선수는 심판의 지시에 따라 마주보고 인사를 실시한다.

d. 심판은 선수 주의사항을 전달한다.

e. 우선권 결정 : 양 팀 주장을 불러 원반의 앞뒤를 정하게 하고 심판이 높게 던져 우선권을 결정한다.

f. 원반을 던져 우선권이 결정된 팀이 선공 또는 후공을 선택할 수 있다.

g. 결정된 순서에 의거 선수는 위치하고 심판의 개시 신호에 맞추어 시합을 시행한다.

(5) 경기운영

a. 심판은 붉은 기를 이용하여 선수와 타겟 사이를 가로 막고 위치한다.

b. 선수가 던질 준비가 되면 기를 내려 던지라는 신호를 준다.

c. 선수는 원반을 던지고 심판의 판정을 기다린다.

d. 심판이 판정을 내린다. 성공 시 해당 점수를 불러준다.

　(예시) 성공하면 노란 기를 들며 '걸', 실패하면 붉은 기를 들며 '낙'

　※ 경우에 따라 기 하나만으로 진행 할 수도 있다.

e. 선수는 심판의 성공 판정을 듣고 해당 점수만큼 말을 이동한다.

f. 보너스 던지기를 할 경우 1미터(2차 던지기 장소) 뒤에 가서 던진다.

g. 본인의 던지기가 끝나면 자신이 던진 원반을 모두 회수 원위치 한다.

h. 경기 중 시합상황에서 소속 팀의 순서가 된 경우, 선수가 원반을 던지기 전 지도교사가 심판(부심)에게 작전타임을 신청할 수 있다. 작전타임 시간은 1분이며 2회 실시한다.

i. 주심 1명과 부심 1명을 둔다. 단, 대회의 성격에 따라 주심 1명만 둘 수도 있다.

(6) 경고 및 퇴장규정

a. 심판의 판정에 대하여 거친 항의(욕설, 몸싸움, 시합방해) 등으로 더 이상 경기진행이 힘들거나 상대편 팀에게 영향을 줄 수 있는 상황이라 판단되면 해당 선수 및 감독(지도교사)에게 주의, 경고 없이 바로 퇴장을 줄 수 있으며, 퇴장된 본인은 경기장으로부터 최소 50미터 이외의 지역으로 물러나야 하며 경기에 관여할 수 없다.

b. 선수에게 주의-경고-퇴장 등의 명령을 내릴 수 있으며 경고나 퇴장은 심판기록카드에 기록한다.

c. 퇴장된 선수와 감독(지도교사)은 경기에 투입되지 못하며, 이후의 경기도 참여할 수 없다. 심판은 퇴장을 조치하고 명단을 본부석에 보고한다.

d. 경고나 파울의 경우 해당 던지기의 점수는 무효처리 한다.

e. 심판의 퇴장명령에 불복종 시 해당학교는 전국스포츠클럽대회 참가를 2년 간 제재할 수 있다.

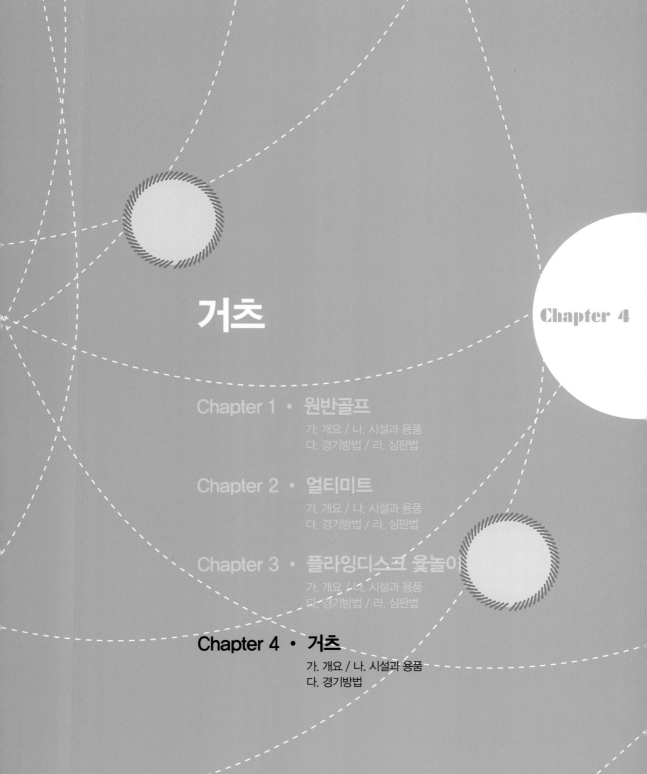

거츠

Chapter 1 • 원반골프
가. 개요 / 나. 시설과 용품
다. 경기방법 / 라. 심판법

Chapter 2 • 얼티미트
가. 개요 / 나. 시설과 용품
다. 경기방법 / 라. 심판법

Chapter 3 • 플라잉디스크 윷놀이
가. 개요 / 나. 시설과 용품
다. 경기방법 / 라. 심판법

Chapter 4 • 거츠
가. 개요 / 나. 시설과 용품
다. 경기방법

Chapter 4 거츠

가 · 개요

거츠는 각 5명의 선수들이 두 팀 사이에서 경기하는 운동이다. 양팔 간격으로 자기 진영 골라인에 5명이 서서 기본 대형을 유지하며 상대편과 14m 떨어져서 마주 바라보고 서서 경기를 한다.

공격팀 선수는 상대편 선수들의 상하좌우 양팔 간격 범위 안에 원반을 던져서* 상대편이 잡지 못했을 때 점수를 얻게 된다. 반대로 상대방의 양팔 간격 범위(손을 뻗어 닿을 수 없는 위치)를 벗어나게 던지게 되면** 상대편에서 1점을 얻는다. 상대편이 원반을 받아 내면 점수의 변동 없이 공수만 교대 된다. 정해진 점수를 먼저 내는 팀이 승리하는 게임이다.

> *이것을 유효 던지기(Good-throw)라고 한다. 상대편이 잡을 수 있는 범위 내로 던지는 게 게임규칙이며, 쉽게 잡지 못하도록 강하거나 또는 회전이 걸리게끔 던지는 게 목적이다.
>
> 상대방이 잡을 수 있는 범위 밖으로 던지는 것은 **무효 던지기(Bad-throw)라고 한다.

나·시설과 용품

(1) 경기장

경기장은 나란히 파울 라인과 골라인으로 지정된 두 평행선으로 구성되어 있다.

파울라인은 공격팀이 서 있는 쪽의 라인을 의미하며 던지기 시 이 라인을 넘어서면 안된다.

골라인은 상대편이 도열해 있는 라인을 의미하며, 공격팀이 던진 원반은 상대편 골라인을 넘어가야 유효하다. 즉, 선수들이 서 있는 라인은 공격 시에는 파울라인이, 수비 시에는 골라인이 된다.

라인 간의 간격은 14m이며, 라인의 너비는 팀 전원이 양팔간격으로 벌렸을 때를 기준으로 한다.

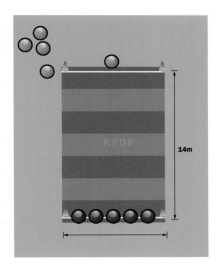

- 양 팀간의 간격은 14m
- 좌우폭은 선수 5명이 나란히 양팔을 벌려서있는 길이가 됨 (따라서, 폭의 길이가 팀마다 달라짐)
- 수비팀은 5명이 일렬로 도열하여 수비태세를 갖춤
- 공격팀 1명이 파울라인에서 공격을 함
  - 던지기를 하는 공격수 1명은 제자리에서 던져도 되고, 뒤에서부터 달려오면서 던져도 됨
  - 던지기 전에 파울라인을 넘으면 무효
  - 던지기 이후에 파울라인을 넘는 것은 유효

(2) 원반

- 거츠 원반 : 지름 23.5cm, 무게 135g
- 원반을 던지고 받기와 커브 구사 등에 적합함
- 부드럽고 안전한 라바재질로 제작
- 거츠 시합 전용 공인원반을 사용해야 안전한 게임 진행이 가능

(3) 장갑

손에는 장갑을 낄 수 있지만 의무사항은 아니다. 장갑의 손바닥 부분에 가죽 두께가 지나친 패드가 없어야 한다. 선수들은 원반에 묻는 끈끈한 물질이나 달라붙는 천을 장갑에 사용할 수 없다.

(4) 신발

미끄럼 방지제를 붙인 신발을 사용할 수 있으나, 금속이 드러난 것은 사용할 수 없다.

(5) 유니폼

유니폼은 타인을 다치게 할 수 있는 장신구를 착용 또는 부착할 수 없으며 팀의 개성에 따라 자유롭게 선택할 수 있고 앞뒤에서 선수를 구분할 수 있도록 고유번호를 부착 하여야 한다.

다 · 경기방법

(1) 경기 시작, 공격권

- 팀당 5명씩의 두 팀이 14m의 간격(여자는 13m)으로 평행하게 마주보고 경기한다.
- 공격팀 선수 중 1명이 상대팀에 원반을 던지며 시작하고, 공격권이 1회씩 번갈아 주어진다.

(2) 스코어링 존(Scoring zone)

- 수비팀 선수가 발을 움직이지 않고 팔과 손을 뻗어서 날아오는 원반을 잡을 수 있는 범위
- 너비는 선수 5명이 양팔 간격으로 좌우로 나란히 한 전체 폭이 되며, 높이는 각 선수가 팔을 뻗어 들어올린 손끝을 이은 선이 된다. 이 너비와 높이를 이은 면이 스코어링 존(Scoring zone)이다.

(3) 유효 던지기(Good-throw)

- 상대팀의 스코어링 존(Scoring zone) 범위 내로 원반을 던진다.
- 원반은 지면과의 각도가 90도 미만이 되어야 한다. 즉, 원반 윗면이 바닥을 향한 채로 수비팀에 날아가면 비록 스코어링 존 범위내로 향했어도 유효 던지기가 아니다.
- 유효 던지기를 한 경우 상대팀이 잡지 못하면 공격팀의 득점이 되고, 상대팀이 잡으면 득점 없이 공수 교대 된다.

(4) 무효 던지기(Bad-throw)

- 상대팀의 스코어링 존(Scoring zone)을 벗어나거나, 골라인을 넘지 못하는 경우.
- 굴리는 것(roller)은 인정되지 않는다.
- 수비팀 스코어링 존 진입 시 원반이 지면과 90도 이상의 각도로 뒤집힌 경우
- 무효 던지기는 수비팀의 득점이 된다.

(5) 파울 라인(foul line)

- 던지기 시 자기 팀의 파울라인을 넘어서거나 라인을 밟아서도 안 된다.
- 던진 선수가 던지기 전·후에 파울라인을 밟은 경우(foot foul), 득점의 변화는 없고 공격권만 상대팀으로 넘어간다.

(6) Clean catch, Follow catch

- 수비팀은 원반을 받을 때 반드시 한 손으로 잡아야 한다.(Clean catch)
- 동료 선수에 튕겨진 후(횟수 무관) 한 손으로 잡는 것도 인정된다.(Follow catch)
- 수비 팀은 원반을 신체의 두 부분에 동시에 닿지 않도록 해야 한다.

(7) 공수 전환

- 수비 팀이 Clean-catch를 한 경우는 잡은 선수가 공격한다.(즉, 원반을 던진다)

• Follow-catch를 한 경우는 마지막에 잡은 선수가 공격한다.
• 잡지 못한 경우는 수비팀 선수 중 처음 원반에 닿은 선수가 공격한다.

(8) 점수

• 양 팀 합산점수가 11점의 배수가 될 때 마다 코트를 바꾸며, 1세트 21점씩 총 3세트로 진행한다.

라 · 던지기 기술(참고사항)

선수의 기술, 파워에 따라 다양한 던지기가 있으므로 대표적인 4가지만 간략히 소개한다.
(상세한 사항은 '제3부 플라잉디스크 기술'편 참조)

(1) 백핸드 던지기(Backhand throw)

가장 보편적이면서 강력함(Powerful)

(2) 사이드암 던지기(Sidearm throw)

컨트롤하기 쉬움

(3) 덤 플립(thumb flip)

엄지를 원반 안쪽에 대고 꽉 잡고 던짐

(4) 핀치 던지기(Pinch throw)

원반이 뒤에서 앞으로 뒤집어 지면서 날아가는 거츠만의 독특한 변화구

※거츠 종목은 학교스포츠클럽 선정 종목이 아니고, 전국대회도 시범대회로만 개최되었기에 2014년 6월 현재 국내용으로 완성된 심판법이 없음. 다만, 2014년 하반기를 목표로 전 종목의 심판법 개정을 진행 중이므로 해당 내용을 참조하기 바라며, 국민생활체육 전국플라잉디스크연합회 홈페이지를 통해 관련 정보를 구할 수 있음.

플라잉디스크 기술

Part 3

Chapter 1 • 던지기 – 기본

Chapter 2 • 던지기 – 고급

Chapter 3 • 던지기 – 클리닉

Chapter 4 • 받기

Chapter 5 • 피봇(pivot)

던지기 - 기본

Chapter 1

Chapter 1 · 던지기 - 기본
가. 백핸드(backhand) / 나. 포핸드(forehand / sidearm)

Chapter 2 · 던지기 - 고급
가. 직선던지기(flat), 하이저(hyzer), 앤하이저(anhyzer)
나. 오버헤드(overhead) / 다. 롤러(roller)
라. 드라이브(drive) / 마. 퍼팅(putting)

Chapter 3 · 던지기 - 클리닉
가. 백핸드 던지기 교정 / 나. 포핸드 던지기 교정
다. 던지기의 Key Point

Chapter 4 · 받기

Chapter 5 · 피봇(pivot)

Chapter 1 던지기 - 기본

원반은 사람의 하체, 몸통, 어깨, 팔목, 손목으로 전달되는 동력을 받아 날아가게 된다. 하체의 몸통은 비꼬았다가 풀어주면서 힘을 가하고, 팔은 목표물의 반대 방향으로 끌어들였다가 목표물 방향으로 쭉 뻗는다. 이때 원반을 일직선으로 운동하도록 하는 것이 중요한 던지기 비결이다.

원반을 일직선으로 보내기 위해서는 팔의 움직임이 중요하다. 처음에는 원반을 든 팔이 목표물과 일직선상에서 반대 방향으로 쭉 펴진다. 이후 그 상태에서 팔꿈치가 목표 방향으로 이동한다. 펴져있는 팔꿈치가 목표물과 일직선이 되어 이동하는 동안 완전히 접히고 손목도 약간 접히기 시작한다. 손에 들린 원반은 목표 방향으로 일직선으로 이동한다. 팔꿈치가 완전히 접힌 후 다시 펴지기 시작하면 이번엔 손목이 최대로 접힌다. 그래야만 원반을 지속적으로 일직선으로 이동하게 할 수 있기 때문이다. 팔꿈치가 펴진 다음에는 손목도 펴진다. 이 과정에서 원반 자체는 회전력을 얻는 것과 동시에 목표를 향한 추진력과 정확성을 얻게 된다.

자세한 사항은 '가.백핸드 던지기'와 '나.포핸드 던지기'에서 배우기로 한다.

가 · 백핸드(backhand) 던지기

일반적으로 백핸드로 던지면 비행 마지막 순간에 원반이 좌측으로 휘어지며 떨어지는 경향을 보인다. 지형지물에 따른 코스 공략 방법에 따라 백핸드로 던질지 포핸드로 던질지, 백핸드로 던질 때 어떠한 궤적을 그리며 비행하도록 할지를 결정하게 된다.

이 때, 수십 가지 종류의 던지기 방법이 선택되어 지는데 선수 각자의 던지기 습성은 물론 지형지물의 위치 및 높낮이, 바람의 방향, 원반의 종류(비행계수에 따른 비행특성)에 따라 구분되어진다. 프로선수들은 일반적으로 9홀 이상 경기시 20개 이상의 원반을 지참하며 경기에 임한다.

본 도서에서는 가장 일반적인 던지기 자세에 대해 설명하도록 하며, 보다 상세한 내용은 추후 발간 예정인 전문도서를 이용하여 설명토록 한다.

(1) 원반을 잡는 법(그립, grip)

원반을 잡는 법, 즉 그립의 종류는 원반의 크기와 선수의 손 크기에 따라 선택될 뿐 그 자체로 특정 순간에 특정 그립이 정해져 있는 것은 아니다. 얼티미트 원반은 디스크골프 보다 더 크고 딱딱하기 때문에 그립이 달라진다.

본 도서에서 설명하는 그립은 가장 보편화되고 일반적으로 검증된 것일 뿐, 선수 개개인의 훈련과 연구에 따라 본인만의 가장 적합한 그립을 얼마든지 창조할 수 있다.

〈 백핸드 그립(backhand grip) 〉

펼친 손바닥을 시계로 가정하고 중지 뿌리 쪽을 12시, 손목 쪽을 6시라고 했을 때, 1시와 7시30분 사이에 가상의 선을 그어 이곳에 원반의 날을 붙여 잡는다. 이렇게 잡았을 때 엄지손가락은 원반의 앞면에 밀착이 되고 나머지 4개 손가락은 원반 뒷면 테두리와 뒷면 바닥의 경계면에 나란히 밀착된다. 4개 손가락의 지문이 테두리에 닿도록 잡는다. 이렇게 잡은 상태로 엄지손가락을 원반의 테두리와 동심원 쪽으로 움직여 보면 엄지손가락이 위치할 가장 안정적인 곳을 찾을 수 있다.

위와 같이 잡으면 원반을 꽉 잡게 되어 많은 힘을 내서 멀리 던질 수 있다. 이를 '파워 그립(power grip)'이라 한다.

'컨트롤 그립(control grip)'은 위 상태에서 약지와 중지를 테두리가 아닌 바닥 면에 붙이는 것으로 '파워 그립'에 비해 원반을 조정하기가 더 쉽다는 장점이 있지만 더 멀리 던지는 데는 불리하다.

① 원반골프

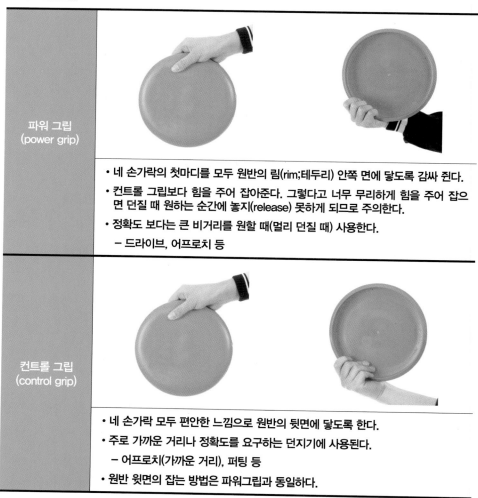

파워 그립 (power grip)	• 네 손가락의 첫마디를 모두 원반의 림(rim;테두리) 안쪽 면에 닿도록 감싸 쥔다. • 컨트롤 그립보다 힘을 주어 잡아준다. 그렇다고 너무 무리하게 힘을 주어 잡으면 던질 때 원하는 순간에 놓지(release) 못하게 되므로 주의한다. • 정확도 보다는 큰 비거리를 원할 때(멀리 던질 때) 사용한다. 　– 드라이브, 어프로치 등
컨트롤 그립 (control grip)	• 네 손가락 모두 편안한 느낌으로 원반의 뒷면에 닿도록 한다. • 주로 가까운 거리나 정확도를 요구하는 던지기에 사용된다. 　– 어프로치(가까운 거리), 퍼팅 등 • 원반 윗면의 잡는 방법은 파워그립과 동일하다.

② 얼티미트

파워 그립 (power grip)		
	• 원반골프 백핸드 파워그립과 동일한 방식이다. 다만, 엄지손가락을 원반의 림 (테두리)에 놓는다. • 얼티미트 원반이 원반골프 원반보다 더 크고 림 부분이 얇으므로 엄지손가락을 림에 놓고 잡아야 충분한 힘을 주어 꽉 잡을 수 있다. 그러나, 손이 충분히 큰 사람의 경우 디스크골프 파워 그립과 같이 잡아도 무방하며 이 경우 정확도가 더 좋아질 수 있다. 얼티미트 경기장은 던지기 시 상황별 거리 차이가 크지 않기 때문에 어느 경우든 본인에 적합한 방식으로 선택한다.	
컨트롤 그립 (control grip)		
	· 엄지 손가락은 원반의 윗면에 놓는다. 검지 손가락은 림(테두리)에 두어 원반을 가볍게 감싼다. · 나머지 손가락은 원반 림(테두리)을 안쪽(뒤)에서 가볍게 감싼다. 이 경우 디스크골프와 같이 원반 뒷면에 놓아도 무방하며, 본인에게 적합한 것으로 선택한다.	

(2) 던지는 방법

던지는 방법(자세)은 얼티미트, 원반골프, 윷놀이 등 모두 동일하다.

단지, 원반을 잡는 그립에 의해 컨트롤, 파워 측면에서 차이가 나며, 던지고 난 직후에 동작을 멈추느냐 또는 계속 휘두름(팔로우 업; follow-up)을 하느냐에 따라서도 좌우된다.

일반적으로 손목 힘이 강한 경우 던지고 난 후 정면을 향해 멈춤으로써 정확

하면서도 강력하게 던질 수 있으며(하단'a. 던지기 자세'설명 참조),

몸의 회전과 전체 근력은 좋은 반면 손목 힘이 상대적으로 약한 경우에는 계속 휘두름(follow-up)을 통해 원하는 방향 및 거리를 확보할 수 있다.(하단 'b. 팔로우 업(follow-up) : 던지고 난 후에 이어지는 동작' 설명 참조)

많은 연습을 통해 스스로의 장단점을 파악한 후 자신에게 가장 적합한 던지기를 선택하는 과정이 중요하다.

a. 던지기 자세

⑤   ④   ③   ②   ①

(준비) 두 팔을 몸통에서 늘어뜨린 상태에서 어깨 너비만큼 발을 벌리고 무릎을 약간 구부려 자연스럽게 선다. 던지려는 목표물 방향으로 우측 어깨선을 조준한다.

① 왼쪽 무릎을 고정한 상태에서 몸통을 시계 반대 방향으로 튼다. 무게 중심이 왼쪽으로 옮겨가고 오른발은 몸이 시계방향으로 틀리면서 앞꿈치는 지면에 붙어있고 뒤꿈치만 들리면서 오른 무릎이 왼쪽무릎을 향해 딸려간다.

동시에 오른팔은 몸통이 돌아가는 속도에 맞추어 어깨 높이로 들어올려 목표물과 정반대 방향으로 똑바로 편다. 오른 팔이 목표물 방향과 일직선이 되고, 등은 목표물과 면하게 되며, 무게 중심은 왼쪽으로 완전히 이동하게 된다.

②, ③ 오른발을 원래 상태로 되돌아가고 틀어진 몸통도 원상태로 돌아

온다. 무게 중심이 오른쪽 발로 이동하며 오른발이 중심축이 된다. 오른팔은 자연스럽게 몸통을 따라가는데 주의할 점은 팔꿈치를 몸통이 풀리는 단계에 맞추어 구부려 줌으로서 원반을 목표물 방향과 일직선상에서 이동하게 해야 한다는 점이다.

④ 오른발이 중심축이 되고 원상태로 돌아온 몸통이 더 돌아 목표물 방향으로 향하게 된다. 굽혀진 팔이 펴지지만 이번에는 손목을 구부려 원반은 일직선 이동을 계속한다.

⑤ 팔이 일직선으로 펴지면서 구부려진 손목의 스냅이 들어가며 원반을 뿌린다.

b. 팔로우 업(follow-up) : 던지고 난 후에 이어지는 동작

· 예전에는 팔로우 업이 던지기에서 반드시 포함되어야 하는 필수동작이라 인식되어 기본동작으로 교육했으나, 이제는 개인별로 선택적으로 판단하는게 맞다는 경향이다.

실제로 프로선수들의 경우 일반적인 개활지 등에서 장거리 드라이브를 던질 때는 최대한의 힘을 실어 팔로우 업(follow-up)까지 동작을 이어가지만,

맨더터리(mandatory)나 지형지물을 피해 던져야 할 경우에는 오히려 팔로우 업(follow-up) 없이 정확한 일직선 팔 동작과 release 순간의 강한 손목 스냅에 의해 정확한 방향과 충분한 세기로 던질 수 있는 경우가 많이 나타나고 있다.

특히, 어프로치의 경우에는 팔로우 업(follow-up) 동작을 생략하는 것도 꽤 효과적이다.

이는 선수 각자가 많은 훈련과 연구를 통해 스스로에게 가장 알맞은 동작을 찾는 것이 중요함을 의미한다.

본 교재에서는 기본기 확립을 위해 던지기와 팔로우 업을 구분해서 소개하고자 한다.

〈 팔로우 업(follow-up) 자세 〉

④   ③   ②   ①

① 원반이 손을 떠나는 순간 팔로우 업(Follow-up)이 이어진다.

② 몸통이 회전하며 오른팔은 쭉 뻗은 채로 계속 돌고, 왼팔은 오른팔과 대칭을 이뤄 따라 돈다.

③ 오른발은 회전축이 되어서 경기자의 무릎에 부담이 가지 않도록 한다.

④ 동작이 끝나면 왼쪽 어깨가 목표물을 향한 상태로 마주 선 자세가 된다.

※ Key Point

▶원반의 궤도가 직선이 되어야 한다. 팔이 직선이 되면 안 된다.

〈 바른 자세 〉

- 몸의 힘을 빼고 어깨, 팔꿈치, 손목 팔을 부드럽게 움직인 후 던지는(release) 한 순간에 임팩트를 집중해야 한다.

- 팔은 굽혀서 나와야 하며 이 때 원반의 궤도는 직선을 그리며 앞으로 나아가야 한다.

- 원반이 직선궤도를 그리며 나아가야
  - 던지고자 하는 방향으로 정확하게 향하게 되며,
  - 접혀있던 손목이 release 순간 펴지면서 원반에 강한 스냅을 주어 회전력을 증가시킨다.

- 팔꿈치를 펴서 던지면 손목이 펴진 상태가 되어 스냅을 제대로 주지 못하고 원반의 회전력이 현저히 떨어진다.
- 팔이 펴진 상태로 움직인다는 것은
  - 몸에 힘이 많이 들어간 상태임을 의미하며,
  - 원반의 궤적이 활모양을 그리게 되어 원반이 정면을 향하지 않고 엉뚱한 방향으로 빗겨나가게 된다.

나 · 포핸드(forehand/sidearm) 던지기

일반적으로 포핸드로 던지면 비행 마지막 순간에 원반이 우측으로 휘어지며 떨어지는 경향을 보인다.

던질 때의 힘, 각도, 방향 및 사용하는 원반의 비행계수에 따라 직선으로 날아가다가 우측으로 휠 수도 있고, 좌측으로 크게 꺾여 가다가 큰 회전을 그리며 우측으로 휠 수도 있다.

포핸드 던지기의 특성은 작은 동작으로 큰 힘을 낼 수가 있다는 것이다. 특히, 얼티미트의 경우 큰 동작을 하지 않고 스냅을 이용하여 멀리 보낼 수 있다는 장점이 있다. 위에서 봤을 때 기준으로 '제2장 던지기-고급'편에서 설명할 앤하이저(Anhyzer)가 포핸드와 동일한 비행 특성을 가진다.

원반골프와 얼티미트의 포핸드 던지기 기본 동작은 동일하다.

다만, 원반골프는 지형에 따라 편한 방법, 유리한 전략을 선택하여 그에 맞게 스탠스(자세)를 취하면 되지만, 얼티미트의 경우에는 앞에 마커(수비수)가 있기 때문에 이를 피하기 위해 자세는 좌, 우 측면으로 변경하면서[01] 원반은 정면으로 던지게 된다.

(1) 포핸드 그립(forehand grip)

엄지와 검지사이에 원반을 밀착해 끼운다. 중지와 검지를 서로 붙여서 편 상태에서 원반 뒷면 테두리와 바닥 면, 경계 면에 중지를 단단히 밀착시키면 엄지와 함께 원반을 잡고 있는 상태가 된다. 약지와 새끼손가락은 서로 붙인 상태에서 약지로 테두리를 받친다.

포핸드 그립은 백핸드와 달리 파워그립, 컨트롤 그립 등의 구분이 없다. 중지와 검지를 놓는 위치에 따라 그립법이 약간 달라지는데 개인별로 손의 크기, 취향에 따라 여러 가지 종류의 그립이 사용된다.

본 도서에서는 디스크골프와 얼티미트를 중심으로 가장 많이 사용되는 대표적인 것만 소개하도록 한다.

① 원반골프

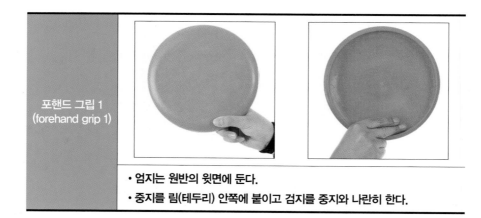

포핸드 그립 1
(forehand grip 1)

• 엄지는 원반의 윗면에 둔다.
• 중지를 림(테두리) 안쪽에 붙이고 검지를 중지와 나란히 한다.

---

01) 이를 피봇(pivot)이라고 한다. 'Chapter5 피봇(pivot)' 참조

포핸드 그립 2 (forehand grip 2)	 	
	• 엄지는 원반의 윗면에 둔다. • 중지를 림(테두리) 안쪽에 붙이고 검지는 원반의 중심을 향한다. 검지의 각도는 본인에게 맞게 조절한다.	

② 얼티미트

- 원반 윗면을 잡는 모양은 동일하며, 뒷면 잡는 방법에 따라 3가지 정
  도로 나뉜다.

포핸드 그립 (forehand grip) 앞 모습		• 엄지는 원반의 윗면에 둔다. • 엄지에 너무 많은 힘을 주지 않고 가볍게 잡아야 컨트롤하기 쉽다.
포핸드 그립 (forehand grip) 뒷면 type 1		• 중지를 림(테두리) 안쪽에 붙이고 검지는 원반 뒷면에 둔다. • 손목 스냅을 주기 편하다. 포핸드 그립 (forehand grip)

| 포핸드 그립
(forehand grip)
뒷면 type 2 | | • 검지를 원반 뒷면 가운데를 향하게 둔다.
  검지와 중지가 V자 모양
• 원반의 수평을 잡는데 유리하다. |
| 포핸드 그립
(forehand grip)
뒷면 type 3 | | • 중지를 림에 붙이고 검지는 중지를 받쳐
  주는 느낌으로 잡는다.
• 약지와 소지가 원반을 함께 받쳐주어 타이
  트한 그립 형태가 된다. |

(2) 던지는 방법

던지는 방법(자세)은 얼티미트, 원반골프, 윷놀이 등 모든 종목에서 기본적으로는 동일하다. 다만 최근 젊은 선수들 사이에 사용빈도가 높아지는 자세와 전통적인 자세 등 2가지로 나눌 수 있다.

a. 던지기 자세 1

• 본 자세는 손목 스냅에 주안점을 두어 어프로치 등에 유용하게 사용될 수 있다. 최근 사용빈도가 높아지는 경향이 있다.

①　　　　②　　　　③　　　　④

① 시선을 정면에 두고 목표물을 향해 양 발을 어깨 너비로 벌려 옆으로 선다.

오른쪽 발을 한 족장 정도 나아가며 무릎을 약간 구부려 자연스럽게 선다. 오른쪽 어깨와 목표물을 일직선으로 한 상태에서 팔꿈치를 접어 원반을 귀 옆으로 들어올린다.

② 오른쪽 무릎에 무게 중심을 두고, 오른팔을 어깨높이로 들어 올려 원반과 목표물을 일직선으로 한다. 왼쪽 발은 뒤꿈치가 자연스럽게 들리면서 몸의 중심을 잡아준다. 몸의 중심을 지날 때 팔꿈치가 접힌 상태로 손목보다 먼저 나온다.

③ 굽혔던 팔꿈치가 펴지면서 손목 스냅을 이용하여 원반을 뿌린다. 이때 던지는 느낌보다는 밀어준다는 느낌으로 원반을 채어주어야 하며, 손목 스냅을 간결하면서도 강하게 이용한다.

④ 양 발로 중심을 굳건히 유지하고, 팔동작은 자연스럽게 이어간다. 몸통이 약간 비틀어지며 오른쪽 발꿈치가 살짝 들리는 정도로 균형을 유지한다. 시선은 계속 정면을 응시한다.

b. 던지기 자세 2

- 본 자세는 드라이브, 롱 어프로치(long approach) 등에 유용한 전통적인 자세이다.

①   ②   ③   ④   ⑤

① 준비 자세로 시선은 던지려는 방향을 향하고 상체를 45°정도 돌려 비스듬하게 선다. 두 발은 어깨 너비로 벌리고 무릎을 약간 구부려 자연스럽게 선다. 좌측 어깨선을 목표물과 일직선으로 한다.

② 시선은 정면을 향하고 원반을 수평을 유지하며 어깨 높이로 뒤로 빼준다.

오른쪽 무릎을 고정한 상태에서 몸통을 시계방향으로 튼다. 무게 중심이 오른쪽으로 옮겨가며 왼발은 뒤꿈치가 들리고 왼 무릎이 오른 무릎 쪽으로 딸려간다. 동시에 원반은 어깨높이로 들어올려 목표물과 정반대 방향으로 똑바로 편다. 오른팔은 목표물과 일직선이 되고 무게중심은 오른쪽으로 완전히 이동한 상태가 된다.

③ 원반을 앞으로 당겨오는데 팔꿈치가 가장 먼저 온다는 느낌으로 당겨준다. 무게중심이 왼발로 이동하면서 오른팔은 자연스럽게 몸을 따라가고, 왼발 뒤꿈치는 지면에 붙게 되며 몸통도 원상태로 돌아간다. 원반을 일직선으로 이동하기 위해 손목은 젖혀지고 팔꿈치는 접힌 상태로 몸통에 붙어서 몸통과 함께 돌아간다.

④ 원반이 한쪽 방향으로 기울어지지 않도록 신경쓰며 경쾌하게 던져준다. 굽혔던 팔꿈치가 펴지면서 원반에 힘이 실리고, 젖혀졌던 손목이 경쾌하고 임팩트있게 펴지면서 강한 스냅이 들어간다. 무게중심이 완전히 왼발에 놓이게 된다. 앞가슴은 목표물을 향하게 된다.

⑤ 원반을 던진 후 팔로우 업(follow-up)이 이어진다. 오른팔을 쭉 뻗은 상태에서 왼발을 축으로 몸통이 함께 회전하며 오른발이 한 족장 정도 나아간다. 무릎에 부담이 가지 않도록 주의한다. 동작이 끝나면 오른쪽 어깨가 목표물을 향한 상태가 된다.

※ 실전에서는 위 사진처럼 꼿꼿이 선 자세가 아니라 원반에 힘을 싣기 위해 몸이 옆으로 기울고 자세는 낮아진다.

던지기 - 고급

Chapter 1 · 던지기 - 기본
가. 백핸드(backhand) / 나. 포핸드(forehand / sidearm)

Chapter 2 · 던지기 - 고급
가. 직선던지기(flat), 하이저(hyzer), 앤하이저(anhyzer)
나. 오버헤드(overhead) / 다. 롤러(roller)
라. 드라이브(drive) / 마. 퍼팅(putting)

Chapter 3 · 던지기 - 클리닉
가. 백핸드 던지기 교정 / 나. 포핸드 던지기 교정
다. 던지기의 Key Point

Chapter 4 · 받기

Chapter 5 · 피봇(pivot)

Chapter 2 · 던지기 – 고급

가 · 직선던지기(flat), 하이저(hyzer), 앤하이저(anhyzer)

원반은 일반적으로 오른손잡이 기준 백핸드 시에는 좌측으로, 포핸드 시에는 우측으로 휘는 경향이 있다.('제3부 플라잉디스크기술. 제1장 던지기-기본' 참조) 그런데 실제 경기 진행 시에는 이러한 일반적 특성 외에 전략과 지형지물에 의해 의도적으로 직선 또는 좌 · 우측으로 휘어나가게끔 던져야 하는 경우가 다양하게 존재한다.

직선던지기, 하이저, 앤하이저는 많은 경우에 있어 유용하고 중요한 기술이다. 기본 동작은 백핸드 및 포핸드 던지기 자세를 기본으로 하며, 던지는 순간의 각도에 따라 조정된다. 여기서는 각 주요 차이점 위주로 설명하기로 한다.

(1) 직선 던지기(flat)

① 던지기 자세

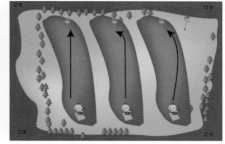

② 비행 궤적

① 던지기 동작 중 원반이 가슴 앞으로 왔을 때 지면과 수평을 유지한다.
　던지는 각도를 낮게 잡을수록 직선으로 던지는데 유리하며 원반의 회전력
　이 끝까지 유지되도록 던져야 비행 후반부에도 직선으로 날아간다.
② 원반이 직선에 유사하게 비행한다.(첫번째 그림)
　던지는 힘은 적정하지만 회전력이 부족한 경우 직선으로 가다가 마지막에
　좌측으로 휠 수 있으며(두번째 그림),
　힘이 너무 강한 경우 비행 초반 우측으로 날아갈 수 있다.(세번째 그림)
　던질 때의 힘과 회전력은 개인별로 다르므로 많은 훈련을 통해 적정값을
　찾아야 한다.

(2) 하이저(hyzer)

a. 던지기 자세 및 비행궤적

① 던지기 자세

② 비행 궤적

① 원반의 왼쪽(바깥쪽)끝을 지면쪽으로 기울게 하여 던지며 Overstable한 비행을 한다. 직선 던지기에 비해 약간 높은 각도로 던진다.

② 원반이 우측에서 좌측으로 비행한다.(첫번째 그림)

던지는 각도에 따라 휘어지는 폭이 달라진다.(두번째, 세번째 그림)

많은 훈련을 통해 원하는 비행궤적에 맞는 각도를 찾아야 한다.

b. 어느 경우에 사용하는가?

① 정면에 큰 장애물이 있고 목표물은 그 뒤 좌측에 있는 경우

② Stable한 원반을 사용하여 좌측으로 휘도록(Overstable 하도록) 던지는 경우

③ 코스공략에 있어 하이저 던지기가 유리한 비행 궤적을 선택한다. 원반이 지면에 닿고 나서 관성에 의하여 바닥면을 치고 조금 더 튀어 나가는 현상까지 고려해야 한다.

(3) 앤하이저(anhyzer)

a. 던지기 자세 및 비행궤적

① 던지기 자세

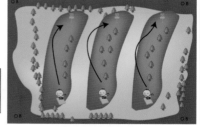
② 비행 궤적

① 원반의 왼쪽(바깥쪽)끝을 하늘쪽으로 들어서 던지며 Understable한 비행을 한다.

회전력을 충분히 주어야 더욱 잘 구사되어 앤하이저의 비행 궤적이 끝

까지 유지된다.

② 원반이 좌측에서 우측으로 비행한다.(첫번째 그림)

던지는 각도에 따라 휘어지는 폭이 달라진다.(두번째, 세번째 그림)

던지는 각도, 힘, 회전력 등을 조정하여 원하는 비행궤적을 만들 수 있다.

b. 어느 경우에 사용하는가?

① 정면에 큰 장애물이 있고 목표물은 그 뒤 우측에 있는 경우

② Stable한 원반을 사용하여 우측으로 휘도록(Understable 하도록) 던지는 경우

③ Overstable한 원반을 사용하여 비거리를 조금 더 늘리는 경우에도 사용 가능하다.

나 · 오버헤드(overhead)

원반을 머리 위로 들어올려 던지는 방법이다. 주로 앞에 높은 장애물이 있는 경우, 좌우(백핸드, 포핸드)로 던질 수 없는 경우에 효과적이다.

특히 얼티미트 경기 시 앞에 있는 마커(수비수)의 키를 넘기는 패스로 활용하고, 디스크골프 경기에서는 바로 앞 장애물이 높게 있을 때 위로 넘겨서 코스를 공략하는 등 실전에 많은 도움이 된다.

그립(grip)은 포핸드 그립(forehand grip)과 덤 그립(thumb grip) 등 두 가지가 있으며, 원반의 윗면이 자신의 머리 쪽을 향하느냐(포핸드 그립), 반대쪽을 향하느냐(덤 그립)에 따라 구분된다.

각 그립에 따라 비행궤적은 서로 반대로 나타나며 각 궤적 또한 던지는 순간의 거리와 높이, 힘에 따라 상이하다.

특히 얼티미트 경기 중 잡게 되는 오버헤드 그립은 비행궤적의 판단보다는 마

커(수비수)의 위치와 동료선수의 움직임에 따라 긴박하고 신속하게 결정된다. 따라서 비행궤적에 대한 분석은 특별한 의미가 없으므로 설명을 생략하기로 한다.

(1) 포핸드 그립(forehand grip) 오버헤드 던지기

본인의 정면을 기준으로 약간 좌측을 향해 던질 때 유용하다.

① 원반 잡는 법(grip)

포핸드 그립 (forehand grip)

• 엄지는 원반의 윗면에 둔다.
• 중지를 림(테두리)에 붙이고 검지는 중지를 받쳐 주는 느낌으로 잡는다.

② 던지기 자세

• 원반을 포핸드 그립으로 잡고 수평이 아닌 수직으로 세워 등 뒤로 뺀다.
• 원반의 아랫면이 위를 향할 수 있도록 기울인다.
• 팔꿈치가 먼저 나오고 손목이 뒤따라 나오는 방식으로 한다.

- 오버헤드(overhead)가 되도록 머리 위로 팔을 올려주며 팔꿈치를 펴기 시작한다.
- 원반의 아랫면이 위를 향하도록 유지한다.
- 원반의 윗면은 자신의 머리쪽으로 가깝게 한다.

- 머리 위쪽에서 손목 스냅을 이용하여 원반을 뿌려준다.
- 팔꿈치는 완전히 펴도 되고, 덜 펴진 상태에서 스냅을 줘도 된다.
- 일반적인 던지기 방법(백핸드, 포핸드)으로 높이 던지면 좌우로 많이 휘어지며 낙하하는데 반해, 오버헤드 던지기를 하면 높이 떠오른 원반이 비교적 정면을 향하며 낙하하게 된다.
- 힘을 많이 주고 던져도 목표물에서 멀리 날아가지 않는 장점이 있다.

③ 얼티미트 경기 시 적용 장면

- 정면의 수비수가 패스를 방어하는데 좌측 백핸드 또는 우측 포핸드로 던지기 어려운 상황인 경우
- 자신의 정면과 우측에 2명이 수비하는 경우
- 오버헤드 던지기를 위해 포핸드 그립으로 원반을 잡고 등 뒤로 빼준다.

- 수비수의 키를 넘겨 위로 던진다.
- 원반의 안쪽면(아랫면)이 위를 향하게 하고 최고점에서 손목 스냅을 이용하여 부드럽게 던진다.
- 던지는 방향은 정면에 있는 수비수의 오른쪽 위로 한다. 덤 그립(thumb grip)의 경우 반대가 된다.
- 원반이 팀 동료에게 안정적으로 패스 된다.
- 본인이 원하는 비행궤적을 만들기 위한 원반과 지면과의 각도는 개개인의 힘과 손목 스냅, 유연성 등에 따라 달라지므로 반복 훈련과 연구를 통해 스스로 터득해야 한다.

(2) 덤 그립(thumb grip) 던지기

본인의 정면을 기준으로 우측을 향해 던질 때 유용하다.

오버헤드 포핸드 던지기와 그립(grip)만 다를 뿐 전체적인 자세와 주안점은 유사하다.

① 원반 잡는 법(grip)

〈 덤 그립(thumb grip) 〉

- 엄지 손가락을 원반의 안쪽(뒷면) 림에 두고 검지를 림 바깥쪽을 받치게 한다.
- 검지부터 네 손가락을 붙여서 좌측 사진과 같이 주먹을 살짝 쥐는 듯한 느낌으로 잡는다.

② 던지기 자세

- 원반을 덤 그립으로
잡고 팔꿈치를 굽힌
상태로 등뒤로 자연
스럽게 올린다.

- 팔꿈치가 앞으로 나
오며 원반의 아랫면
이 위를 향하도록
유지한다.

- 머리 위에서 손목
스냅을 이용하여 원
반을 던진다.

다 · 롤러(roller)

원반이 잠시 공중으로 날다가 땅에 떨어져 굴러가도록 던지는 방식이다.

공중에 장애물이 있는 경우, 또는 지형적 요인으로 인해 공중으로 날리는 것
보다 굴리는게 더 멀리 가게 할 수 있는 경우에 시도한다.

(1) 종류

백핸드 롤러(backhand roller)와 포핸드 롤러(forehand roller) 두 가지 방식
이 있다.

두 방법 모두 각각 백핸드 던지기 및 포핸드 던지기와 유사한 방식이다.
그립(grip) 및 던지기 자세는 동일하다.

(2) 특징

① 롤러(roller)는 원반이 손을 떠나는 시점에서 지면으로 구르도록 원반의 날
   부분을 내리쳐 뿌린다는 점에서 기존 던지기와 차이가 있다. 즉, 원반이 지
   면과 45°~ 55° 각도로 구르도록 위에서 아래로 스냅을 주어 뿌리치면
   원반이 잠시 공중을 날다가 지면에 닿으면서 굴러간다.

② 잘 던진 원반은 백핸드 롤러의 경우 55° 상태에서 직선으로 구르다가 나중
   에는 왼쪽으로 휘어져 구른다. 마지막 순간에는 오른쪽으로 급격히 휘면서
   뒤집히는 경향을 보인다.

③ 55° 각도보다 크게 하면 우측으로 크게 휘어 바로 뒤집어 지고, 55° 보다
   작으면 원반은 왼쪽으로 급격히 휘면서 넘어지고 만다.

④ 포핸드 롤러는 지면과의 각도를 45° 정도로 할 뿐 백핸드 롤러와 동일하
   다.

• 일반적인 백핸드 자세와 비슷하나 팔을
  조금 더 들어 준다.

• 엔하이저 던지기 보다 약간더 몸쪽으로
  원반을 들어준다.

• 강력한 스냅을 이용하여 던진다.

라 · 드라이브(drive)

원반을 멀리 던지고 싶다면 몸의 각 부문의 힘이 원반에 잘 실려야 한다. 다리, 엉덩이, 허리, 어깨, 팔, 손목 등 인체의 관절이 원반에 최대한 전달되도록 해서 강력한 추진력을 심어주어야 하고, 동시에 원반이 큰 회전력을 얻을 수 있도록 던져야 한다.

또한 원반의 종류별 특성, 바람의 세기와 방향 등을 잘 이용해 적절한 기술을 사용하는 것도 중요하다.

(1) 원반의 높낮이

멀리 던지기 위해서는 지면과 20°상승된 각도로 하여 수평으로 던지되 적절한 높낮이를 맞춰야 한다.

너무 높이 던지면 원반이 상승하는 과정에서 공기저항을 많이 받아 멀리 나가지 못하고, 반대로 너무 낮게 던지면 원반이 바람을 탈 수 있는 기회를 잃게 된다.

(2) 바람의 방향

바람을 이용하려면 주변의 흙먼지나 잔디를 날려 보아 바람의 방향을 살펴야 한다. 맞바람(head wind)과 뒷바람(tail wind)의 경우 원반이 바람을 타거나 저항을 받는 메커니즘이 다르므로 당연히 던지는 방법도 상이하다.

a. 맞바람(head wind)

앞에서 바람이 불어오는 경우에는 원반의 전면부(leading edge)를 약간 숙여서 던져야 한다. 바람이 앞에서 불면 원반이 공중으로 올라가려는 성향이 있는데 이것을 방지하면서 적당히 바람을 탈 수 있기 때문이다.

b. 뒷바람(tail wind)

뒤에서 원반의 진행방향으로 바람이 부는 경우에는 원반의 전면부 (leading edge)를 약간 들린 상태로 던진다. 바람이 원반을 밀어주면서 속도가 더 빠르게 되고 더 멀리 나갈 수 있다. 숙인 상태로 던진다면 원반은 바람을 타기 어려워 더 빨리 지면에 떨어지게 된다.

(3) 전진 스텝(도움 닫기, 크로스 스텝(cross step))

원반을 파워 그립(power grip)으로 잡고, 전방을 향하여 전진 스텝을 밟으면서 백핸드로 던져야 더 멀리 날아간다.

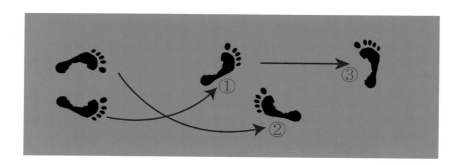

a. 스텝 순서(오른손 백핸드 기준)

준비. 양발을 어깨 너비로 하여 목표물을 바라본다.

① 오른쪽 발을 왼발 앞쪽으로 약 45 ° 방향이 되도록 내딛는다.

② 왼발을 오른발 뒤로 교차하면서 왼발 뒤꿈치가 목표물을 향하도록 놓는다. 동시에 원반을 왼쪽(목표물 반대방향)으로 쭉 밀어준다.

③ 다시 오른발을 빼서 목표물 방향과 90 ° 가 되도록 놓아 회전축이 되도록 하여 원반을 던진다.

※ 보다 멀리 던지기 위한 방법으로 준비자세에서 자연스럽게 달려(걸어)와서 ①, ②, ③을 순서대로 시행하여 던지면 보다 긴 도움닫기를 할 수 있다.

b. 던지기 자세

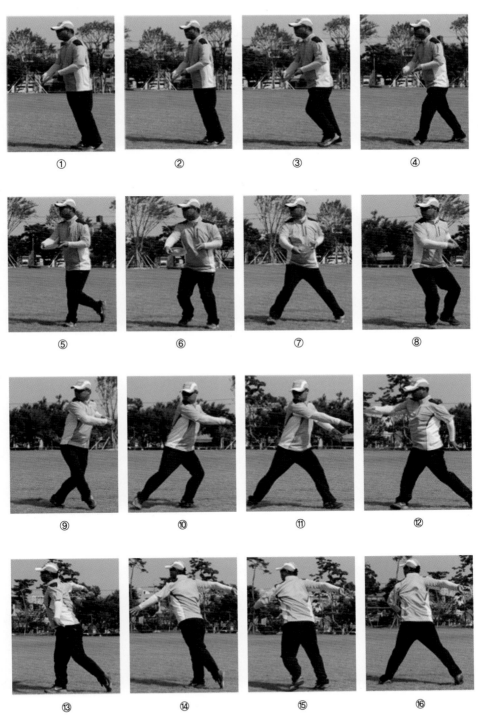

① ② ③ ④

⑤ ⑥ ⑦ ⑧

⑨ ⑩ ⑪ ⑫

⑬ ⑭ ⑮ ⑯

마 · 퍼팅(putting)

여러 가지 방식의 퍼팅방식 중에 가장 기본적인 퍼팅은 로프트 퍼팅과 스핀 퍼팅 두 가지가 있다. 로프트 퍼팅은 원반이 포물선을 그리며 날아가고, 스핀 퍼팅은 원반이 직선으로 날아가는 방식이다.

퍼팅 시 목표물에 정확하게 골인 시키는 것도 중요하지만, 퍼팅이 실패한 경우 원반이 목표물로부터 멀리 벗어나지 않게 하는 것도 중요하다.

그립(grip)은 백핸드 컨트롤 그립을 사용한다. 세기보다는 정확성이 중요하므로 크게 휘드르지 않고 팔꿈치와 손목을 이용하여 정확하게 던지도록 한다.

(1) 로프트(loft) 퍼팅

a. 특징

① 원반이 포물선을 그리며 목표물에 골인되는 기술이다.

② 정확도가 높으며 실패 시에도 비교적 안전하게 대처 할 수 있는 장점이 있다.

③ 여성이나 어린이, 초보자들이 쉽게 배우고 유용하게 사용할 수 있는 기술이다.

④ 바람이 부는 날씨에는 공기의 저항을 많이 받아 정확성이 다소 떨어질 수 있다.

b. 던지기 자세

- 자세를 낮추고 다리를 넓게 하는 것이 안정적이다.

- 원반을 낮은 데서 위쪽으로 들어올리며 앞으로 내밀어 준다.

- 원반을 던지면서 팔을 뻗을 때 손끝은 목표물을 향하게 한다.

(2) 스핀(spin) 퍼팅

a. 특징

① 원반이 직선을 그리며 목표물에 골인되는 기술이다.

② 바람이 많이 불거나 퍼팅거리가 비교적 원거리일 때 효과적이다.

③ 회전을 많이 주어 직선으로 원반이 비행하도록 하는 것이 중요하다.

④ 골인이 안 되었을 경우 목표물을 지나 멀어질 수 있는 단점이 있다.

⑤ 퍼팅을 강하게 할 경우 목표물인 디스크 캐쳐의 사슬이나 쇠기둥에 맞고 튀어나올 수 있으므로 힘 조절이 요구된다.

⑥ 원반의 일직선 운동 측면에서 백핸드 던지기와 동일하다.

b. 던지기 자세

- 시선은 목표물을 향하고 원반을 가슴 높이로 한다.

- 무게중심을 왼발에 두고 오른발을 앞으로 내민다.

- 원반을 가슴으로 당기면서 팔을 굽힌다.

- 왼발의 무게중심을 오른발로 옮기면서 몸의 중심을 목표물 방향으로 이동시킨다.

- 동시에 팔꿈치를 앞으로 곧게 펴도록 하여 원반이 지면과 수평을 유지하면서 나오도록 한다.

- 팔꿈치를 펴면서 손목의 스냅을 이용하여 목표물을 향해 직선으로 던진다.

- 팔을 뻗을 때 손끝은 목표물을 향하게 한다.

던지기 - 클리닉

Chapter 1 • 던지기 – 기본
가. 백핸드(backhand) / 나. 포핸드(forehand / sidearm)

Chapter 2 • 던지기 – 고급
가. 직선던지기(flat), 하이저(hyzer), 앤하이저(anhyzer)
나. 오버헤드(overhead) / 다. 롤러(roller)
라. 드라이브(drive) / 마. 퍼팅(putting)

Chapter 3 • 던지기 – 클리닉
가. 백핸드 던지기 교정 / 나. 포핸드 던지기 교정
다. 던지기의 Key Point

Chapter 4 • 받기

Chapter 5 • 피봇(pivot)

Chapter 3 # 던지기 - 클리닉

가 · 백핸드 던지기 교정

(1) 원반이 흔들리며 비행하는 경우

   a. 원반이 날아가는 스피드에 맞는 적절한 회전이 부족하면 안정되게 비행하지 않고 흔들린다. 이를 교정하려면 던질 때 스냅이 잘 걸리게 해야 한다.

   b. 던질 때 스냅이 잘 걸리게 하기 위해서는 손목을 충분히 움직일 필요가 있다. 초심자의 대부분이 원반을 가지고 있을 때의 손목 상태, 즉 손목이 똑바로 되어있는 상태로부터 손등 쪽으로 움직여서 스냅을 주는 경우가 많다. 그렇게 하면 가동범위의 절반 밖에 스냅을 사용하지 못하게 된다.

   c. 스냅을 충분히 사용하기 위해서는 원반을 손바닥으로 감아쥔 상태에서 한 번에 손등 쪽으로 돌릴 필요가 있다. 이런 손목 감기는, 문을 노크하려고 할 때의 손목의 움직임과 같다.

   d. 원반을 쥔 상태로 노크를 하듯이 똑같이 움직여 보면 그 느낌을 알 수 있다. 부드럽게 큰 손목의 움직임을 사용하자.

   e. 그리고 충분히 손목을 움직이려고 하면 실제는 던질 때 팔뚝을 움직여 준

다. 팔뚝을 끝까지 휘두르지 말고 도중에 멈추려고 하면 마지막에 손목만 재빨리 돌아가게 되는 것이 회전을 주는 요령이다.

(2) 원반이 처음부터 원하는 방향으로 향하지 않는 경우

a. 던질 때 원반을 놓는 위치가 일정하지 않은 것이 원인으로 생각된다.
b. 이것은 림(rim; 테두리)에 집게손가락을 붙여 클래식 그립을 하고 그 손가락을 날리려는 방향을 향한 위치에서 원반을 릴리스(release)하려고 하여 교정하면 된다.
c. 12시 방향으로 던지려 한다면 오른손잡이는 팔뚝을 10시방향의 위치에서 멈추게 하고 스냅을 걸어 손가락을 날리려는 방향으로 향하게 하면 좋다. 항상 그 지점에서 원반을 놓으려고 반복훈련하면 원반이 날아가는 방향도 안정되게 된다.
   ※ 여기서 팔을 멈추는 동작은 어디까지나 교정을 위한 것이지 원래는 부자연스럽다. 방향성이 안정되면 릴리스(release) 한 후 팔뚝을 멈추지 말고 자연스럽게 움직여 보자(follow-up).

(3) 원반이 비행 중에 좌우로 방향이 변하는 경우

a. 릴리스(release) 순간 원반이 기울어져 있을 가능성이 있다. 원반은 던지는 순간 기울기가 있으면 커브가 되는 특성이 있기 때문이다.
   단, 원반에 따라 굳이 수평으로 날리더라도 날아가는 동안 휘어지는 성질을 가진 것도 있으므로 주의한다.
b. 휘어지는 방향이 좌측이냐 우측이냐에 따라서 달라지는데 좌측으로 휘면 하이저(hyzer) 던지기 형태가 되었고, 우측으로 휘어지면 앤하이저(anhyzer) 던지기 형태가 되었다고 볼 수 있다. 따라서 마지막 던지는 순간 원반을 수평으로 잘 유지 하도록 해야 한다.

c. 원반을 수평으로 하려고 해도 신체가 기울어져 있으면 수평으로 날아갈 수 없다(유의사항).

d. 던진 후에 손바닥이 위로 향하는 사람도 휘어지는 경향이 강하다. 릴리스 (release) 한 후에도 악수를 하듯이 손바닥을 옆 방향을 향하게 한다.

(4) 비거리를 향상시키고 싶은 경우

a. 신체의 비틀림을 이용하여 보자. 허리를 비튼 힘을 상반신, 어깨에 전하면 서 그 힘이 팔까지 타이밍 좋게 전달되면 팔 힘이 없어도 예리한 스윙이 가 능해진다.

b. 그러기 위해서는 던지는 방향으로 발을 내딛지 말고 신체의 정면이 아닌 옆면을 향해 발을 내디디면 신체를 비틀기 쉬워진다. 또한, 먼저 원반을 가 지고 있지 않은 쪽의 팔뚝의 팔꿈치를 등 쪽으로 당기면 신체가 보다 비틀 어지기 쉽다. 어깨를 넣는 것에 의해 몸의 비틀림이 가능해진다.

c. 이때 등뼈의 축을 의식하고 그것을 중심으로 돌리려고 해보자. 그 다음은 팔을 크게 휘두르지 말고 몸 가까이에서 돌아가게 직선으로 움직이는 것도 중요하다.

(5) 비거리 향상을 위한 Point

a. 원반을 던질 때 어깨-팔꿈치-손목을 무리 없이 펴는 것이 필요하다.

① 이때 몸에 힘이 들어가지 않게 하는 것이 중요하다. 이 동작은 몸에서 나 오는 힘과 스피드를 최대한 자연스럽게 손목까지 전달하는 효과가 있다.

② 가능한 한 몸 가까이 당기는 것이 중요하다.

③ 원반을 대신하여 타월을 이용한 연습을 한다. 이때의 감각과 팔꿈치에 서 손목까지가 편안히 펴져있는 상태를 느껴보자.

④ 몸, 허리의 회전은 오른손잡이의 경우는 왼손잡이의 배팅, 왼손잡이의

경우 오른손잡이 배팅과 같다. 몸과 허리, 무릎의 사용법을 익히기 위해서는 야구 스윙을 정확히 해보면 좋다.

b. 원반을 멀리 날아가게 하는 근원은 도움닫기에 있는 것이 아니라 몸의 회전스피드와 손목, 원반을 잡는 힘의 조화에 있다.

① 도움닫기부터 던질 때까지의 힘의 배분은 "도움닫기 : 던지기=1 : 9" 정도가 적당하다.

② 도움닫기부터 던지는 순간까지는 힘을 전혀 쓰지 않는다라는 생각으로 몸의 힘을 모두 빼는것이 중요 하다.

③ 도움닫기에 힘을 쓰면 쓸수록 실제로 던졌을 때 원반에는 스피드가 실리지 못한다.

나 · 포핸드 던지기 교정

(1) 원반이 흔들리며 비행하는 경우

백핸드 던지기의 경우와 마찬가지로 스냅이 걸리지 않아서 원반의 회전이 부족한 것이 원인이다. 포핸드 던지기의 회전 거는 법은 이해하기 어렵지만 다음의 방법으로 시험해보자.

a. 「팔을 휘두르지 말고, 팔꿈치 앞부분이 먼저 나온다.」 라는 것을 염두에 둔다.

b. 원반을 던지는 팔의 겨드랑이를 붙인다. 겨드랑이를 붙인 채로 원반을 뒤로 팔꿈치→손목→원반의 순으로 테이크 백(take back)을 한다.(겨드랑이가 붙어 있으면 테이크백이 잘되지 않지만 신경 쓸 필요 없음)

c. 팔을 흔들지 않고 멈추려고 하면서 동시에 손목을 돌리며 회전이 걸리도록 한다. 손가락 끝이 던지려는 방향을 향할 수 있도록 유의한다.

d. 우선 가까운 거리에서 원반을 날리며 회전을 거는 요령을 습득한다. 회전이 잘 걸리게 되면 먼거리를 날려본다.

e. 겨드랑이를 붙인 채로 날리는 것은 부자연스러운 동작이므로 회전 감각이 익혀지면 그럴 필요가 없다. 자연스럽게 테이크 백(take back) 하여 날려보자.

(2) 원반이 비행중에 좌우로 방향이 변하는 경우

a. 포핸드(사이드암) 던지기의 경우 오른손잡이는 우측으로, 왼손잡이는 좌측으로 커브를 하는 경향이 있다.

b. 이것은 던질 때 원반 바깥쪽을 밑으로 하여 교정한다. 무리하게 손목으로 바깥쪽으로 기울이려고 하지 말고, 원반과 손목과의 각도를 유지하면서 팔꿈치를 펴는 감각을 습득하는 것이 중요하다. 이렇게 하면 자연스럽게 원반이 기울어진다.

다 · 던지기의 Key Point

(1) 3대 핵심 요소(Three Key Point)

던지기 훈련 시에는 다음에 중점을 두어야 한다.

① 임팩트 순간의 스피드
② 원반을 던지는 각도
③ 높이

(2) 올바른 던지기를 위해 가장 중요한 것

가장 중요한 것은 마음껏 던지는 것이다. 원반이 굴러가든지, 이상한 방향으로 날아가든지 신경 쓰지 말고 어쨌든 마음껏 던지는 것이 중요한다.

원반의 초속이 빠르지 않으면 멀리 날아가지 못한다. 그런데 던지는 각도나 높이, 자세 등에 신경 쓰면 강한 던지기가 되지 않는다. 먼저 스피드에 신경을 쓴 후 조금씩 각도 등에 신경을 써보자. 여러 번 날리면 1번 정도 멀리 날아가는 던지기가 가능해질 것이다. 이 때 원반을 던진 느낌을 기억하고 재현하기 위해 반복 훈련을 해본다.

위의 3가지 유의점을 던질 때마다 체크하고 다음 던질 때 수정을 한다.

특히 바람방향에 의해 원반을 던지는 각도가 달라질 때 초심자의 경우는 뒷바람으로 연습을 하는 편이 좋다. 불가능한 경우는 옆바람의 조건에서 연습을 한다. 이 때 연습하면서 익힌 던지기 각도가 실제 경기 시에는 기상 상황에 따라 변하게 되므로 미리 그 점을 염두에 두고 연습을 한다.

또한 앞에 언급한 "멀리던지기 위한 포인트", "정확한 자세" 등에서 나타난 점에도 유의하고, 가능한 한 몸을 크게 사용할 수 있도록 해보자.

스텝은 원스텝 던지기(제자리)부터 시작하여 크로스 스텝(전진 스텝) 던지기를 연습하는 것도 권한다. 디스턴스 드로우(distance throw;멀리 던지기)는 MTA, TRC, 디스크골프 등 다른 경기의 기본이 되므로 많은 연습이 절대 필요하다.

받기

Chapter 1 • 던지기 – 기본
가. 백핸드(backhand) / 나. 포핸드(forehand / sidearm)

Chapter 2 • 던지기 – 고급
가. 직선던지기(flat), 하이저(hyzer), 앤하이저(anhyzer)
나. 오버헤드(overhead) / 다. 롤러(roller)
라. 드라이브(drive) / 마. 퍼팅(putting)

Chapter 3 • 던지기 – 클리닉
가. 백핸드 던지기 교정 / 나. 포핸드 던지기 교정
다. 던지기의 Key Point

Chapter 4 • 받기

Chapter 5 • 피봇(pivot)

Chapter 4 받기

원반을 받을 때에는 비행 방향을 미리 예측해야 한다. 원반은 직선 비행하도록 설계되어 있어 쉽게 예측 가능하다. 받을 때에는 야구공을 받을 때처럼 손을 약간 뒤로 빼면서 받아야 튀는 힘을 감소시키고 안전하며 정확하게 받을 수 있다.

받기의 종류에는 상하 받기(팬케이크 받기), 양손 받기(갈고리 받기), 한손 받기 등 3가지 종류가 있으며, 얼티미트, 거츠 등에서 사용된다.

본 도서에서는 얼티미트 경기에서의 패스를 위한 받기 동작을 대상으로 사진 위주로 간략하게 설명하도록 한다. 거츠에서는 수비 시 한손 받기만이 허용된다.

가 · 상하박수 받기(팬케이크 받기, 샌드위치 받기)

(1) 안정적으로 받을 수 있는 방법이며, 초보자도 쉽게 익힐 수 있다.

(2) 원반에 대해 상하 수직으로 손바닥으로 박수 치듯이 받는다

(3) 가슴 또는 허리 방면으로 날아오는 경우에 적합한 받기이다.

얼굴 쪽으로 날아오는 경우에는 적합하지 않다. 잡기 실패 시 얼굴 부상이 우려되기 때문이다.

(4) 높이 떴다 내려오는 원반을 잡을 때 용이하다.

① 원반이 날아오는 방향에 맞춰 양쪽 팔을 상하로 들어올려 받을 준비를 한다.

② 원반을 상하로 박수 치듯이 잡으며 몸쪽으로 살짝 당겨 충격을 완화한다.

나 · 양손 받기(갈고리 받기)

(1) 허리 높이에서 가슴 높이 사이로 날아올 때 받기에 적당한 방법이다.

① 날아오는 원반을 향하여 양 손의 손등을 하늘로 향한 자 세로 하여 앞으로 뻗어준다.

② 양 손으로 동시에 잡으며 몸 쪽으로 당겨주어 충격을 완화 시킨다.

다· 한손 받기

(1) 날아오는 원반의 림(rim) 부분을 한 손으로 가볍게 잡듯이 받는 방법이다.

(2) 머리 이상 높이와 무릎 아래 이하로 낮게 날아올 때 적당한 받기 방법이다.

(3) 몸에서 멀리 떨어져 날아오는 원반을 잡기에 유리하다.

① 원반이 날아오면 한쪽 팔을 앞으로 쭉 뻗어 받을 준비를 한다.

② 원반을 잡는 것과 동시에 몸 쪽으로 당겨주며 속도를 완화시킨다.

라· 높이에 따른 받는 방법

(1) 실전 경기 시 높이에 따른 받기 방법이 정해진 바는 없으며, 어느 방법이든 간에 기초 기술의 반복 훈련을 통해 각 상황에 맞게 순발력있고 안전하게 받는게 중요하다.

(2) 아래 사진에서 보면 동일한 양손받기의 유형이지만 가슴 이상 높이에서는 손등이 하늘을 향하고 있고 팔꿈치가 바깥쪽을 향하는 반면, 허리 아래 높이에서는 손등이 바닥을 향하고 팔꿈치도 뒤집어짐을 알 수 있다.

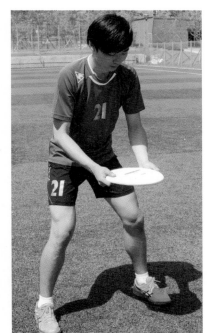

피봇(pivot)

Chapter 1 · 던지기 – 기본
가. 백핸드(backhand) / 나. 포핸드(forehand / sidearm)

Chapter 2 · 던지기 – 고급
가. 직선던지기(flat), 하이저(hyzer), 앤하이저(anhyzer)
나. 오버헤드(overhead) / 다. 롤러(roller)
라. 드라이브(drive) / 마. 퍼팅(putting)

Chapter 3 · 던지기 – 클리닉
가. 백핸드 던지기 교정 / 나. 포핸드 던지기 교정
다. 던지기의 Key Point

Chapter 4 · 받기

Chapter 5 · 피봇(pivot)

Chapter 5 피봇(pivot)

한 발을 축(pivot)으로 하여 방향을 바꾸면서 수비를 뚫고 패스하는 동작으로 얼티미트 경기에서 많이 사용되는 기초 동작이다.

던지기 동작은 백핸드 던지기 및 포핸드 던지기와 동일한 방식이지만 상대 수비를 피해 던져야 하므로 몸은 좌우 측면으로 나가면서 원반은 정면을 향해 던지게 되는 차이가 있다.

피봇은 패스의 정확성을 높이기 위해서 페이크(fake;속임 동작)와 함께 이루어지는 경우가 많다.

따라서 피봇 동작은 페이크 동작과 함께 백핸드/포핸드 던지기를 동시에 연습하여야 실전 경기에서 효율적으로 사용할 수 있다.

(1) 피봇을 이용한 백핸드 던지기

a. 측면

④　　　　　　　③　　　　　　　②　　　　　　　①

b. 후면

④　　　　　　　③

②　　　　　　　①

c. 정면

① 시선은 던지는 방향을 한다. 얼티미트 백핸드 그립을 잡는다.

② 오른발을 던지는 방향의 90°측면으로 내 딛는다. 반드시 90°각도를 내
  딛어야 하는 것은 아니며 상황에 따라 적절히 조절한다.

③ 시선은 정면을 유지하고 무게중심은 오른쪽 발에 둔다. 오른 무릎을 가볍
  게 구부려 무게중심을 이동하며 안정적인 자세를 유지한다.

④ 던지는 방향으로 가슴을 돌려 회전하는 힘을 이용한다.
  사진과 같이 손목이 안쪽으로 약간 꺾인 상태에서 손목의 스냅을 이용하여
  던진다.

(2) 피봇을 이용한 포핸드 던지기

a. 측면 모습

① ② ③ ④

⑤

※포핸드에서는 스냅의 역할과 멈춤동작이 매우 중요하다.

• 좌측 ⑤번 사진과 같이 원반이 손에서 떠난 후 비행하고 있는 동안에도 손목의 모양과 위치를 바꾸지 않고 그대로 유지한다.
• 이렇게 함으로써 빠르고 정확하게 멀리 보낼 수 있다.

① 던지는 방향을 보며 오른발을 내딛는다.
② 오른발에 무게 중심을 실으며 원반을 뒤에서부터 끌고 나온다.
③ 오른발에 완전히 무게중심을 싣고, 팔꿈치가 원반을 잡은 손보다 먼저 나오도록 한다.
④ 손목의 스냅을 부드럽고 빠르게 주어 원반을 던진다.
⑤ 스냅을 주고 난 후 손목을 멈추어 준다. 이렇듯 마지막 순간에 빠르고 강력한 스냅과 간결한 밀어주기로 정확성과 비거리를 향상시킬 수 있다.

b. 정면 모습

① 정면에 시선을 두고 오른발을 내딛으며 무게 중심을 옮긴다.

② 오른발에 무게중심을 완전히 싣고 안정적인 자세를 만든 후 원반은 수평을 유지한 채 팔꿈치가 먼저 나오면서 원반을 끌고 나온다.

③ 목표물을 향해 간결하고 빠른 손목 스냅을 주어 원반을 던진다.

④ 원반이 비행하고 있는 동안에도 손목이 멈춘 상태로 유지한다. 이러한 절도 있는 멈춤 동작을 통해 강력하고 부드러운 스냅을 만들 수 있다.

(3) 피봇 - 포핸드 페이크(fake) 후 백핸드 던지기

a. 연속 동작 - 수비수 없는 경우(연습 동작)

① 피봇 축은 왼쪽발로 한다.(선택사항이며 설명을 위해 임의로 정함)

② 오른 발을 오른쪽으로 내딛으며 포핸드 자세를 취한다.

③ 포핸드를 던지지 않고(포핸드 페이크), 얼른 몸의 중심쪽으로 오른 발을 이
  동시킨다.

④ 허리를 돌리며 좌측을 공략할 준비를 한다.

⑤ 오른발을 좌측으로 이동시킨다. 축이 되는 왼쪽 발은 해당 위치에서 고정
  되어 있다.

⑥ 완전히 좌측 공간을 확보하며 백핸드 던지기를 시도한다.

b. 연속 동작 – 수비수가 있는 경우(실전 시뮬레이션)

①

②

③

④

⑤

⑥

① 왼쪽발을 피봇 축으로 결정한다. 나머지 발은 어느 방향으로 움직이든 상관없다. 다만, 축으로 한 번 정한 발은 변경할 수 없으며 움직이면 워킹(walking) 파울이 된다.

② 포핸드를 던지는 것처럼 우측으로 수비수를 유인한다.

③ 수비수가 우측을 막으려 중심을 이동시킨 것을 확인함과 동시에 던지는 동작을 멈추고(포핸드 페이크) 오른쪽 다리를 몸의 중심 방향으로 옮겨온다.

④ 수비수가 순간적으로 페이크에 속으면 오른발을 얼른 좌측으로 내딛는다.

⑤ 좌측 빈 공간을 이용하여 오른발이 이동하며 백핸드 자세를 취한다.

⑥ 완전히 공간을 확보하며 백핸드 던지기를 시도한다.

(4) 피봇 - 백핸드 페이크(fake) 후 포핸드 던지기

a. 연속 동작 - 수비수 없는 경우(연습 동작)

① 피봇 축은 왼발로 결정한다.

② 오른발을 왼쪽으로 내딛으며 백핸드 자세를 취한다.

③ 최대한 백핸드를 던지는 느낌을 주어야 수비수를 따돌릴 수 있다.(백핸드 페이크)

④ 방향 전환을 한다.

⑤ 오른발을 왼쪽에서 오른쪽으로 이동한다.

⑥ 완전히 공간을 확보하며 포핸드 던지기를 시도한다.

b. 연속 동작 - 수비수가 있는 경우(실전 시뮬레이션)

① 피봇 축은 왼쪽 발로 결정한다.

② 오른발을 왼쪽으로 내딛으며 백핸드 던지기 자세를 취한다.

③ 수비수가 속을 수 있도록 진짜 던지는 듯한 동작을 취한다.(백핸드 페이크)

④ 수비수가 왼쪽으로 중심이 이동되면 얼른 자신의 몸 중심을 오른쪽 방향으로 전환한다.

⑤ 오른발을 우측으로 이동하며 포핸드 던지기 준비자세를 취한다.

⑥ 수비수를 따돌리고 완전히 공간을 확보한 후 포핸드 던지기를 시도한다.

체육지도자 자격 및
교육 프로그램

Part 4

Chapter 1 • 자격증 제도 운영 개요

Chapter 2 • 자격증 종류 및 취득 요건

Chapter 3 • 교육 프로그램

자격증 제도 운영 개요

Chapter 1 · 자격증 제도 운영 개요

Chapter 2 · 자격증 종류 및 취득 요건

Chapter 3 · 교육 프로그램

Chapter 1 # 자격증 제도 운영 개요

가 · 자격제도 개편

(1) 국민체육진흥법 개정[01] 및 국민체육진흥법시행령 개정[02]으로 지도분야(전문 · 생활체육), 대상(생애주기)별 세분화 시행

(2) 양성과정 : 필기시험 → 실기 · 구술시험 → 실무연수

　※ 기존 : 실기 · 구술시험 → 이론연수 → 필기시험

(3) 문체부 장관이 자격검정기관 및 연수기관을 지정하여 자격검정의 공정성과 전문성을 확보하고 이론연수에서 실무중심 연수로 개편

(4) 문체부 장관은 자격증 발급 및 재발급 업무를 기존 문체부에서 2015년 1월 1일부로 국민체육진흥공단에 위탁

---

01) 개정 2012년 2월 17일, 시행 2015년 1월 1일
02) 개정 2014년 7월 7일, 시행 2015년 1월 1일

나 · 자격의 정의

(1) 스포츠지도사 : 자격종목에 대하여 전문체육이나 생활체육을 지도하는 사람

(2) 장애인스포츠지도사 : 장애유형에 따른 운동방법 등에 대한 지식을 갖추고 자격종목에 대하여 장애인을 대상으로 전문체육이나 생활체육을 지도하는 사람

(3) 유소년스포츠지도사 : 유소년(만 3세부터 중학교 취학 전까지를 말함)의 행동양식 및 신체발달 등에 대한 지식을 갖추고 자격종목에 대하여 유소년을 대상으로 체육을 지도하는 사람

(4) 노인스포츠지도사 : 노인의 신체적 · 정신적 변화 등에 대한 지식을 갖추고 자격종목에 대하여 노인을 대상으로 생활체육을 지도하는 사람

다 · 자격제도 개편에 따른 플라잉디스크 종목의 역할

(1) 플라잉디스크 종목자격증은 유소년스포츠지도사에 포함되어 있다.(2014년 7월 현재)

(2) 중 · 고등학교와 대학생 그리고 일반인까지 생활체육으로 즐기고 있는 플라잉디스크의 종목 특성을 감안하여 자격 종목 확대에 노력하고 있다.

(3) 본 도서에서는 플라잉디스크 종목의 가치를 고려 시 향후 확대 시행이 예상되는 전문 · 생활체육 스포츠지도사 및 장애인스포츠지도사, 노인스포츠지도사 등 생애주기별 세분화 정책에 맞추어 실기 자격 검정 방법을 표준화하고 제시한다.

(4) 자격 검정 관련 내용은 시행 1개월 이전 관련기관 홈페이지에 공고 되며, 응시자는 반드시 검정 및 연수 내용을 사전에 체크해야 한다. (www.flyingdisc.or.kr 또는 www.kfdf.info 참조)

자격증 종류 및 취득 요건

Chapter 2

Chapter 1 • 자격증 제도 운영 개요

Chapter 2 • 자격증 종류 및 취득 요건

Chapter 3 • 교육 프로그램

Chapter 2 자격증 종류 및 취득 요건

가 • 자격증 종류

종류	세부 구분
스포츠지도사 1급	전문체육, 생활체육
스포츠지도사 2급	전문체육, 생활체육
유소년 스포츠지도사	–
노인스포츠지도사	–
장애인 스포츠지도사 1급	–
장애인 스포츠지도사 2급	–

※ 플라잉디스크 종목은 현재 유소년 스포츠지도사에 해당 되어 있다.(2014년 7월 현재)

나 · **자격증 취득 절차** (유소년스포츠지도사, 플라잉디스크 종목)

(1) 필기 : 필수(유아체육론), 선택4과목(스포츠심리학, 운동생리학, 스포츠사회학, 운동역학, 스포츠교육학, 스포츠윤리, 한국체육사)

(2) 실기 및 구술 : 본 서를 기준으로 실기 · 구술 검정을 지표로 하고 문체부 지침에 따라 점수 및 합격 기준을 세부 조절 한다. 검정계획 및 실시는 홈페이지를 통하여 확인 가능하다.

(3) 연수 : 실무중심의 연수로 이루어지며 유소년스포츠지도사의 경우 필기와 실기 · 구술 검정에 합격한 자에 한하여 90시간의 연수를 이수 하여야 한다.

(4) 플라잉디스크 자격증 취득을 위해서는 총 10개 실기 검정 종목에서 각 종목별 취득점수를 합산하여 합격요건을 충족해야 한다.(일부 자격증은 8개 종목) 본 서에 기재되어 있는 실기 검정 방법은 기본이 되며 검정 계획서 제출시 일부 변경 축소 될 수 있다.

다 · 실기 검정 요건

(1) 1-1. 디스턴스(Distance)

〈 시험장 조감도 및 합격/실패 안내도 〉

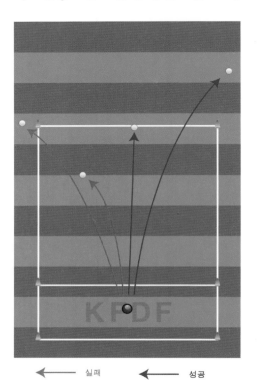

← 실패   ← 성공

〈 합격 요건 〉

- 시험장 너비 37m × 길이 50m

- KFDF 공인 원반을 사용하여 너비 37 미터 안쪽에서 지정된 최소 거리(급수별 상이함) 이상 비행거리를 내야 한다.

- 지정된 최소 거리 선상에 떨어진 경우도 성공이다.

- 각 던지기 시 합격 기준을 충족하면 해당 점수를 취득하며, 정해진 횟수 만큼 던져서 총 취득한 점수를 소계로 한다.

- 던지기 방법은 드로우 존(throw zone) 안에서 자유롭게 선택한다.

- 던지는 순간 라인을 밟으면 파울로 간주하며 손에서 원반이 완전히 떠난 이후에는 드로우 존을 벗어나도 된다.

- 드로우 거리 및 횟수는 하단 테이블 참조

• 자격증 급별 요건 및 점수

구분	던지기 방법	거리(m)	횟수(회)	득점	소계
스포츠지도사 1급	자유	50	5		
스포츠지도사 2급 장애인스포츠지도사 1급	자유	40	5		
유소년스포츠지도사 노인스포츠지도사 장애인스포츠지도사2급	자유	40	5		

(2) 1-2. 플라잉디스크 윷놀이

〈 시험장 조감도 및 합격/실패 안내도 〉

〈 합격 요건 〉

- 시험장 던지는 거리(throw line) : 4m,5m,6m (1급은 5m,6m,7m)
- 드로우 라인(throw line) 폭 : 1m
- KFDF 지정 원반(미드레인지)을 사용하여 시험관이 지정하는 윷판을 해당거리에서 주어진 횟수만큼 던져 통과된만큼 득점을 합하여 소계를 구한다.
- 시험관이 윷판을 지정하는 순간부터 15초 이내에 던져야 한다.
- 던지는 순간 라인을 밟으면 파울로 간주한다.
- 시험관의 판정이 끝나기 전에 선을 밟거나 넘으면 파울로 간주한다.
- 드로우 거리 및 횟수는 하단 테이블 참조

- 자격증 급별 요건 및 점수

구분	던지기 방법	거리(m)	횟수(회)	득점	소계
스포츠지도사 1급	자유	5	5		
		6	5		
		7	5		
스포츠지도사 2급 유소년스포츠지도사 노인스포츠지도사	자유	4	5		
		5	5		
		6	5		

(3) 1-3. 어프로치(자유던지기, 롤러)

〈 시험장 조감도 및 합격/실패 안내도 〉   〈 합격 요건 〉

- 시험장 거리 : 25m

  득점 존(zone) : 지름 4m

  드로우 라인(throw line) : 폭 1m

- KFDF 지정 원반(원반골프)을 사용하여 25미터 거리에서 바닥면 지름 4m의 원(득점존) 안에 원반을 도달시켜야 한다.

- 원반이 최종 멈춘 지점을 판단한다.

- 원반이 득점존을 맞고 원밖으로 벗어나면 실패로 간주 한다.

- 던지는 순간 라인을 밟으면 파울로 간주하며 손에서 원반이 완전히 떠난 이후에 드로우 존을 벗어나도 된다.

- 드로우 거리 및 횟수, 방법은 하단 테이블 참조

- 자격증 급별 요건 및 점수

구분	던지기 방법	거리(m)	횟수(회)	득점	소계
스포츠지도사 1급	자유	25	5		
	롤러	25	5		
스포츠지도사 2급 유소년스포츠지도사 노인스포츠지도사 장애인 스포츠지도사 1, 2급	자유	20	5		
	롤러	20	5		

(4) 1-4. 퍼팅

〈 시험장 조감도 및 합격/실패 안내도 〉　　　　〈 합격 요건 〉

- 시험장 : 5m, 7m
- 드로우라인 : 폭 1m
- 던지는 방법, 자세에 대한 규제는 없음
- 바구니 안에 정확히 들어간 원반만 인정 (바구니 옆으로 들어간 경우는 인정하지 않음)
- 던지는 순간 라인을 밟으면 파울로 간주하며 시험관의 판정이 끝나기 전까지 선을 밟거나 넘으면 파울로 간주한다.
- KFDF 지정 원반 사용(원반골프)
- 드로우 거리 및 횟수, 방법은 하단 테이블 참조

- 자격증 급별 요건 및 점수

구분	던지기 방법	거리(m)	횟수(회)	득점	소계
스포츠지도사 1급	자유	5	5		
		7	5		
스포츠지도사 2급 유소년스포츠지도사 노인스포츠지도사 장애인스포츠지도사 1, 2급	자유	5	5		
		7	5		

(5) 2-1. 직선 던지기

〈 시험장 조감도 및 합격/실패 안내도 〉

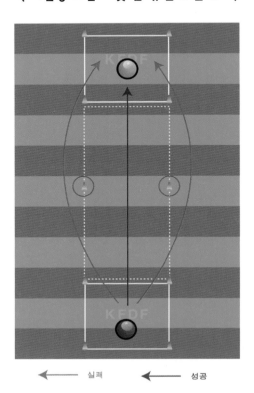

← 실패   ← 성공

〈 합격 요건 〉

- 드로우지역 및 득점지역 : 너비 4m × 길이 4m
- 드로우 거리 : 자격증별 상이
- 지정 거리에서 시험관을 향해 던진다.
- 직선 던지기는 시험장 중간에 설치되어 있는 표기물 가운데로 지나가야 한다.
- 시험관이 득점지역 안에서 원반을 받아야 인정
- 정확한 던지기를 했을 경우에는 시험관이 놓쳤어도 인정
- KFDF 지정 원반 사용(얼티미트)
- 드로우 거리 및 횟수, 방법은 하단 테이블 참조

- 자격증 급별 요건 및 점수

구분	던지기 방법	거리(m)	횟수(회)	득점	소계
스포츠지도사 1급	백핸드	25	5		
	포핸드	25	5		
스포츠지도사 2급 장애인스포츠지도사 1급	백핸드	20	5		
	포핸드	20	5		
유소년스포츠지도사 노인스포츠지도사 장애인스포츠지도사 2급	백핸드	15	5		
	포핸드	15	5		

(6) 2-2. 커브 던지기(왼쪽 기물)

〈 시험장 조감도 및 합격/실패 안내도 〉

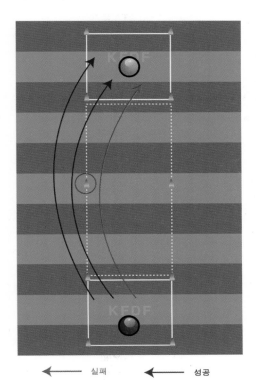

← 실패   ← 성공

〈 합격 요건 〉

• 드로우지역 및 득점지역 : 너비 4m × 길이 4m

• 드로우 거리 : 자격증 급수별 상이

• 지정된 거리에서 시험관을 향해 던진다.

• 시험장 중간 두 개의 표기물 중 수험자 기준 왼쪽 기물을 기준하여 밖으로 던져 커브 던지기를 한다.

• 시험관이 득점지역 안에서 원반을 받아야 인정

• 정확한 던지기를 한 경우에는 시험관이 놓쳤어도 인정

• KFDF 지정 원반 사용(얼티미트)

• 드로우 거리 및 횟수, 방법은 하단 테이블 참조

• 자격증 급별 요건 및 점수

구분	던지기 방법	거리(m)	횟수(회)	득점	소계
스포츠지도사 1급	백핸드	25	5		
	포핸드	25	5		
스포츠지도사 2급 장애인스포츠지도사 1급	백핸드	20	5		
	포핸드	20	5		
유소년스포츠지도사 노인스포츠지도사 장애인스포츠지도사 2급	백핸드	15	5		
	포핸드	15	5		

(7) 2-3. 커브 던지기(오른쪽 기물)

〈 시험장 조감도 및 합격/실패 안내도 〉　　　〈 합격 요건 〉

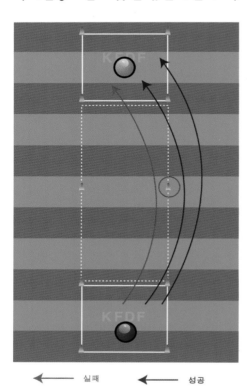

← 실패　　← 성공

- 드로우지역 및 득점지역 : 너비 4m × 길이 4m
- 드로우 거리 : 자격증 급수별 상이
- 지정된 거리에서 시험관을 향해 던진다.
- 시험장 중간 두 개의 표기물 중 수험자 기준 오른쪽 기물을 기준하여 밖으로 던져 커브 던지기를 한다.
- 시험관이 득점지역 안에서 원반을 받아야 인정
- 정확한 던지기를 한 경우에는 시험관이 놓쳤어도 인정
- KFDF 지정 원반 사용(얼티미트)
- 드로우 거리 및 횟수, 방법은 하단 테이블 참조

- 자격증 급별 요건 및 점수

구분	던지기 방법	거리(m)	횟수(회)	득점	소계
스포츠지도사 1급	백핸드	25	5		
	포핸드	25	5		
스포츠지도사 2급 장애인스포츠지도사 1급	백핸드	20	5		
	포핸드	20	5		
유소년스포츠지도사 노인스포츠지도사 장애인스포츠지도사 2급	백핸드	15	5		
	포핸드	15	5		

(8) 2-4. 오버헤드 던지기

〈 시험장 조감도 및 합격/실패 안내도 〉

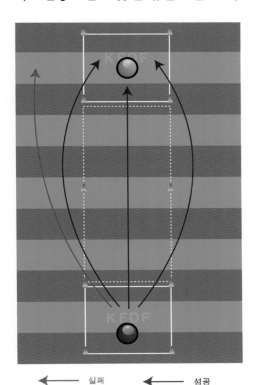

← 실패   ← 성공

〈 합격 요건 〉

- 드로우지역 및 득점지역 : 너비 4m × 길이 4m

- 드로우 거리 : 25m

- 지정된 거리에서 시험관을 향해 던진다.

- 원반의 윗면이 지면을 향하며 비행하여야 한다.

- 시험관이 득점지역 안에서 원반을 받아야 인정

- 정확한 던지기를 한 경우 시험관이 놓쳤어도 득점으로 인정

- KFDF 지정 원반 사용(얼티미트)

- 드로우 거리 및 횟수, 방법은 하단 테이블 참조

- 자격증 급별 요건 및 점수

구분	던지기 방법	거리(m)	횟수(회)	득점	소계
스포츠지도사 1급	덤 그립	25	5		
	포핸드 그립	25	5		
스포츠지도사 2급 장애인스포츠지도사 1급	덤 그립	20	5		
	포핸드 그립	20	5		
유소년스포츠지도사 노인스포츠지도사 장애인스포츠지도사 2급	해당사항 없음(시험종목 아님)				

(9) 3-1. K-Accuracy(정면)

〈 시험장 조감도 및 합격/실패 안내도 〉　　　　〈 합격 요건 〉

- 드로우 라인 거리 : 자격증 급수별로 상 이함
- 드로우라인 폭 : 1m
- 프리타겟의 바구니에 넣는다.
- 타겟 정면에 있는 세 개의 라인에서 각 각 5회 던지기를 시도한다.
- KFDF 지정 원반 사용(원반골프)
- 드로우 거리 및 횟수, 방법은 하단 테이 블 참조

- 자격증 급별 요건 및 점수

구분	던지기 방법	거리(m)	횟수(회)	득점	소계
스포츠지도사 1급	자유 / 바구니 넣기	7	5		
		8	5		
		9	5		
스포츠지도사 2급 장애인스포츠지도사 1급	자유 / 바구니 넣기	6	5		
		7	5		
		8	5		
유소년스포츠지도사 노인스포츠지도사 장애인스포츠지도사2급	자유 / 바구니 넣기	5	5		
		6	5		

⑩ 3-2. K-Accuracy(좌우 측면)

〈 시험장 조감도 및 합격/실패 안내도 〉

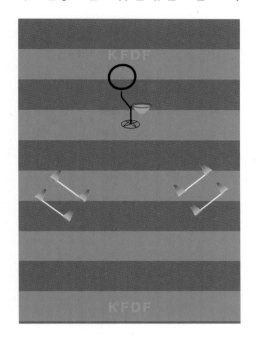

〈 합격 요건 〉

- 드로우 라인 거리 : 자격증 급수별로 상이함
- 드로우 위치 : 좌,우 측면 45도
- 드로우라인 폭 : 1m
- 프리타겟의 상단 링을 통과해야 한다.
- 타겟의 좌,우 측면에 있는 두개의 라인에서 각각 5회 던지기를 시도 한다.
- KFDF 지정 원반 사용(원반골프)
- 드로우 거리 및 횟수, 방법은 하단 테이블 참조

• 자격증 급별 요건 및 점수

구분	던지기 방법	거리(m)		횟수(회)	득점	소계
스포츠지도사 1급	자유/ 링 통과	좌	7	5		
		좌	8	5		
		우	7	5		
		우	8	5		
스포츠지도사 2급 장애인스포츠지도사 1급	자유/ 링 통과	좌	6	5		
		좌	7	5		
		우	6	5		
		우	7	5		
유소년스포츠지도사 노인스포츠지도사 장애인스포츠지도사2급	자유/ 링 통과	좌	5	5		
		좌	6	5		
		우	5	5		
		우	6	5		

체육지도자 자격
및 교육 프로그램

Chapter 3

Chapter 1 • 자격증 제도 운영 개요

Chapter 2 • 자격증 종류 및 취득 요건

Chapter 3 • 교육 프로그램

Chapter 3 교육 프로그램

가·지도 이념 및 마음가짐

(1) 지도 이념

플라잉디스크 지도자라면 플라잉디스크의 기술, 지식의 전달에도 충실해야 하지만 또한 "플라잉디스크 문화"를 알릴 수 있어야 한다. "플라잉디스크 문화"란 플라잉디스크의 즐거움, 페어플레이 정신, 개개인을 존중하는 마음 등이라할 수 있다.

지도자는 수강자에게 동기유발, 욕구 등을 끌어내어 수강자 스스로가 플라잉디스크의 즐거움을 받아들일 수 있도록 수강자를 「보조」 하는 것이지 「강요하는교육」 을 해서는 안 된다. 즉, 수강자가 플라잉디스크의 즐거움을 체험하고, 자주적으로 플레이를 할 수 있고, 생활 습관화 할 수 있도록 분위기를 조성하는 지도가 필요하다.

세계플라잉디스크연맹(WFDF)에서 정의한 플라잉디스크의 목적은 다음과 같다.

"플레이어는, 상대방을 적이라기보다 오히려 친구로서, 상호간에 다투는 것이 아니라 자기 자신의 능력의 한계에 도전하는 플라잉디스크 스포츠의 정신을 장려하고 지키면서 기술과 경기를 즐기는 것이 가능하도록 화목한 장을 만드는데 있다. 최종적으로는 같이 플레이하는 것보다 같이 살아가는 방법을 배우는데 있다"

(2) 지도자의 마음 가짐

가. 마음(욕구)

「해보고 싶다」라는 욕구를 이끌어내기 위해 원반 특유의 우수한 비행성과 새로운 재미 그리고 플라잉디스크가 갖는 장점인 참여하는 매력을 알리기 위하여 부단하게 노력을 해야 한다. 플라잉디스크 동호인들의 동기유발 및 저변 확대를 위해 혼자서도 할 수 있는 콘텐츠 개발, 모두가 함께 어울리는 가족대회, 지역대회, 전국대회 등을 안내하고 소개하는 것도 지도자의 중요한 몫이다.

특히, 지도자의 열정과 함께 초심자를 위한 지도기술, 즐거움의 추구 방법, 수강자 한 명 한 명을 중요시 하는 마음가짐이 중요하다.

나. 기술 & 신체

무엇보다 함께 즐기는 것을 가치로 삼고 심도 있는 스포츠라는 점을 알린다. 대상자에게 맞는 기술, 체력에 맞는 종목, 대상자에 맞는 용구사용법과 함께, 각 종목과 단계에 맞는 맞춤식 지도방법을 준비한다. 하나의 기술에 관해서도 여러 가지 지도법과 교정법을 몸에 익혀 수강자가 기술을 체득하는 방법을 다양하게 제공할 수 있어야 하며, 수강자가 매력을 느낄 수 있는 지도자의 기술지도 능력과 화술 또한 중요한 조건이다.

다. 인적자원 관리(조직, 지도자, 동호회)

함께 즐기기 위한 동호회를 만들고 회원을 관리하며, 지역 연합회 또는 지역 연맹과 더불어 유대관계를 갖고 활동을 하면 보다 효율적인 동호인 관리가 가능하다.

라. 용구

용구와 관련도서 등에 관한 지식을 사전에 습득하여 취급방법, 관리방법등에 대한 교육과 올바른 용구의 구분법과 사용법도 함께 알려준다.

마. 장소

동호인 및 선수들이 경기를 할 수 있는 장소(행정기관, 학교, 공원, 민간시설 등) 확보를 위해 협력체제를 구축하고 디스크골프 코스(가설, 상설)를 설치하면서 제한된 공간에서 연습법을 소개한다.

바. 정보

플라잉디스크를 포함하여 스포츠전반에 관한 다양한 최신 정보를 수집/정리하여 적기에 적당한 정보를 매력적으로 제공하는 것이 중요하다. 특히 플라잉디스크의 우월한 특징에 관해 강렬한 인상을 줄 수 있도록 한다.

정보의 입수방법으로는 연맹본부와 관계단체와의 긴밀한 업무협조 및 연맹의 회보나 홈페이지도 적극적으로 이용한다. 후원/협력 체제를 만들어 행사가 있을 때마다 광고나 홍보물을 통해 다양한 정보를 제공하는 것도 중요하다.

사. 비용

동호회 회원은 누구나 저렴한 비용으로 용구나 시설을 사용하기를 원한다. 적은 비용으로 경기를 즐길 수 있는 다양한 방법(스포츠 진흥 조성금, 지자체/기업 등을 통한 보조금 조달법, 대회 매니지먼트 섭외)을 모색하고 조언한다. 행정기관, 학교, 공원, 민간시설 등과 협력하여 경기장 확보에도 노력해야 한다.

나 · 플라잉디스크 15가지 지도 원칙

(1) 친절한 마음과 상냥한 미소로 플라잉디스크의 즐거움을 최우선의 가치로 전달한다.

(2) 시간(when), 장소(where), 대상자(who), 종목과 내용(what), 목적(why)에 따른 맞춤형 프로그램을 지도한다.

(3) 용구 및 경기장을 사전 체크한다.
(종목별 원반, 용품, 기록지, 경기장의 크기와 실내 · 외 구분 등)

(4) 강사는 불쾌감을 주는 언행이나 비속어를 쓰지 말아야 하며 상투적인 말투보다는 친숙한 언어표현을 구사 하여야 한다.

(5) 설명은 알기 쉽게, 큰 소리로, 천천히 요점을 정리하여 말하고, 수강자 전원이 이해할 때까지 설명하고 확인하면서 진행한다.

(6) 유머의 센스를 가지고 진지하면서도 재미있는 분위기에서 진행한다.

(7) 말을 걸 때와 조언을 할 때 가능한 한 전원 똑같이 하고 특정인에게만 주목해서는 안된다.

(8) 좋은 점은 적극적으로 칭찬한다. 조언은 가장 중요한 포인트 1개만 지적하고, 두 번째 부터는 칭찬한 후에 한다. 수강자 전원이 쾌적하게 보이는 곳에 위치한다. 태양을 향하고, 위쪽에 서되 비스듬한 곳에서는 아래쪽에 선다. 가능한 한 수강자와 같은 눈높이에서 대화한다.(특히 어린이의 경우)

(9) 백문불여일견(百聞不如一見), 시범(좋은 예, 나쁜 예)을 보여준다. 수강자

를 작은 그룹으로 만들고 서로 조언을 하는 〈그룹 티칭〉도 효과적이다. 실제 시현이 불가능한 것은 영상을 이용한 시청각 교재를 이용한다.

⑩ 강사의 기술과 이론에 대한 숙지는 결국 자신감과 긍지를 가지고 지도에 임할 수 있게 한다. 자신이 없는 태도로는 수강자에게 신뢰감을 줄 수 없다.

⑪ 기술체계에 기초한 단계를 밟는다. 특히 기본기술은 충분한 시간을 가지고 확실하게 마스터하게 한다.

⑫ 수강자가 좀처럼 마스터하지 못할 경우는 창피함을 느끼거나 열등감을 품기 전에 다른 연습법으로 바꾸든가 아니면 다음 기술로 넘어가서 다시 한번 재도전하게 하는 것이 좋을 것이다.

⑬ 수강자의 반응과 성취도를 보면서, 현장에 맞는 대응으로 프로그램을 바꿔 지도의 흐름을 유지하는 것도 중요한 방법이 될 수 있다.

⑭ 매우 간단히 되기 쉬운 기초기술 연습은 게임에 반영하면서 진행하면 빨리 익힐 수 있다.

⑮ 가능하면 강의(지도)에 대하여 감상 및 평가를 무기명을 조사하고 지도자의 자기점검 및 자기평가를 실시한다.
"① Plan(계획) → ② Do(실시) → ③ See(평가) → ④ Feedback(개선)"의 시스템을 확립하는 것이 지도자에게는 필요하다.

다 · 초보자 교육 방향

피교육생이 플라잉디스크를 처음 접하는 경우에는 연령별 특성을 고려하여 아래와 같은 방법으로 지도하는 것도 고려할만 하다.

연령별 대상		추천 교육종목	비고
어린이		• 쌓기, 던지기, 만지기, 가지고 놀기 등 원반으로 재미있게 노는 방법 위주	
초등학교 저학년(1~4학년)		• 표적 맞추기, 바스켓 넣기, 주고 받기 • 원반골프, 플라잉디스크 윷놀이	
초등학교 고학년(5~6학년)		• 원반골프, 플라잉디스크 윷놀이, K-Accuracy	
중 · 고 · 대학생		• 얼티미트, 원반골프	
일반 성인		• 원반골프, 거츠, 윷놀이, K-Accuracy	
어르신		• 플라잉디스크 윷놀이, 원반골프, 퍼팅, K-Accuracy	
장애인	지체/언어장애	• 퍼팅, 플라잉디스크 윷놀이, 원반골프	
	시각장애	• 프리타겟, 변형 플라잉디스크 윷놀이	
	청각장애	• 원반골프, 프리타겟, K-Accuracy	

라 · 교육 프로그램

(1) 던지기 방법 교육

a. 컨트롤 그립과 파워그립의 차이점을 설명한다.
① 컨트롤 그립 : 가까운 곳을 정확하게 던질 때
② 파워 그립 : 림(rim) 전체를 감싸 잡고 던지며 정확도 보다 비거리에 더
　　　　　　　 많은 비중을 둘 때 사용
③ 포핸드 그립 : 포핸드 그립 설명

b. 던지기 자세를 설명한다.
① 가까운 거리 던질 때의 자세 설명
② 먼거리 던질 때의 자세 설명 : 비거리가 멀수록 옆으로 스탠스를 잡는다.

c. 스텝에 의한 비거리 연습지도
① 제자리 던지기 10회 이상
② 스텝을 이용하여 가속도를 붙이는 연습, 자세연습10회
③ 스텝을 이용하여 실제로 던져보기 5회

d. 직선 던지기연습
① 10미터 직선 던지기 연습
② 20미터 직선 던지기 연습
③ 50미터 직선 던지기 연습

e. 하이저 던지기연습
① 10미터 직선 던지기 연습
② 20미터 직선 던지기 연습
③ 50미터 직선 던지기 연습

f. 앤하이저 던지기연습

　　① 10미터 직선 던지기 연습

　　② 20미터 직선 던지기 연습

　　③ 50미터 직선 던지기 연습

(2) 디스크골프 교육 프로그램(예시)

a. 지도 준비

순서	구분	내용
1	교재준비	• 연수 프로그램　• 교재(책, 프리젠테이션), 동영상 자료
2	용구준비	• 캐처 3개 : 고급형캐처, 교육용캐처, 우산캐처 • 원반 30개, 마커 30개, 라바콘 20개　• 개인마이크, 음악

※ 연수전 주의 사항　　• 반드시 안전교육 및 안전점검을 우선 실시한다.
　　　　　　　　　　　• 환자 또는 피교육생의 건강상태를 체크한다.

b. 지도 프로그램

순서	구분	내용
1	소개	• 강사소개, 연수개요
		• 플라잉디스크 정의, 역사와 유래
		• 시설과 용품, 원반골프 종목 소개
2	체조	• 준비 운동, 기본 스트레칭
		• 원반과 함께 몸 풀기, 음악과 함께 체조
3	기초 던지기	• 그립(grip) 방법
		• 백핸드(backhand) 던지기 / 포핸드(forehand) 던지기
		• 거리별 멀리 던지기 / 짧은 코스 공략법(어프로치)
		• 양 손 받기
4	응용던지기	• 오버헤드 던지기
		• 퍼팅 기술 / 긴 코스 공략법(어프로치)
		• 드라이브 던지기(크로스 스텝 응용)
5	경기 규정	• 원반골프 경기 규정, 경기운영 방법
		• 경기 매너, 기록지 작성법
		• 안전을 위한 규정
6	체험	• 원반골프 경기 실시
7	정리	• 질의 응답 / 설문조사 / 용품 및 현장 정리
8	보고서 작성	• 연수보고서 작성 / 기타 필요사항 작성

(3) 얼티미트 교육 프로그램(예시)

a. 지도 준비

순서	구분	내용
1	교재준비	• 연수 프로그램 • 교재(책, 프리젠테이션), 동영상 자료
2	용구준비	• 얼티미트 원반 30개 • 중 · 고등학생 : 얼티미트용, 초등학생 : 거츠용 • 라바콘 20개, 휘슬(호루라기) • 개인마이크, 음악

※ 연수전 주의 사항 • 반드시 안전교육 및 안전점검을 우선 실시한다.
• 환자 또는 피교육생의 건강상태를 체크한다.

b. 지도 프로그램

순서	구분	내용
1	소개	• 강사소개, 연수개요 • 플라잉디스크 정의, 역사와 유래 • 시설과 용품, 원반골프 종목 소개
2	체조	• 준비 운동, 기본 스트레칭 • 원반과 함께 몸 풀기, 음악과 함께 체조
3	기초 던지기	• 그립(grip) 방법 • 백핸드(backhand) 던지기 / 포핸드(forehand) 던지기 • 양 손 받기 / 한 손 받기
4	응용던지기	• 오버헤드 던지기 • 피봇 방법, 패스하기
5	경기 규정	• 얼티미트 경기 규정, 경기운영 방법, 경기 매너 • 안전을 위한 규정
6	체험	• 얼티미트 경기 실시
7	정리	• 질의 응답 / 설문조사 / 용품 및 현장 정리
8	보고서 작성	• 연수보고서 작성 / 기타 필요사항 작성

(4) 플라잉디스크 윷놀이 교육 프로그램(예시)

a. 지도 준비

순서	구분	내용
1	교재준비	• 연수 프로그램(커리큘럼) • 교재(책, 프리젠테이션), 동영상 자료
2	용구준비	• 플라잉디스크 윷놀이 원반 20개 • 플라잉디스크 윷놀이판 타겟, 말판 • 심판용 깃발, 라바콘 20개 • 개인마이크, 음악

※ 연수전 주의 사항 　• 반드시 안전교육 및 안전점검을 우선 실시한다.
　　　　　　　　　　 • 환자 또는 피교육생의 건강상태를 체크한다.

b. 지도 프로그램

순서	구분	내용
1	소개	• 강사소개, 연수개요 • 플라잉디스크 정의, 역사와 유래 • 시설과 용품, 플라잉디스크 윷놀이 종목 소개
2	체조	• 준비 운동, 기본 스트레칭 • 원반과 함께 몸 풀기, 음악과 함께 체조
3	기초 던지기	• 그립(grip) 방법 • 백핸드(backhand) 던지기 / 포핸드(forehand) 던지기 • 3m, 4m, 5m 통과 연습
4	경기 규정	• 플라잉디스크 윷놀이 경기 규정, 말판 놓는 법 • 경기 운영법 및 매너 설명 • 안전을 위한 규정
5	체험	• 플라잉디스크 윷놀이 경기 실시
6	정리	• 질의 응답 / 설문조사 / 용품 및 현장 정리
7	보고서 작성	• 연수보고서 작성 / 기타 필요사항 작성

(5) 플라잉디스크 종합 지도 프로그램(예시)

a. 지도 준비

순서	구분	내용
1	교재준비	• 연수 프로그램(커리큘럼) • 교재(책, 프리젠테이션), 동영상 자료
2	용구준비	• 원반골프 원반(30개), 얼티미트 원반(30개) • 플라잉디스크 윷놀이판 2개, 말판 2개, 심판용 깃발 • 프리타겟 2개, 라바콘 20개 • 개인마이크, 음악

※ 연수전 주의 사항　• 반드시 안전교육 및 안전점검을 우선 실시한다.
　　　　　　　　　　• 환자 또는 피교육생의 건강상태를 체크한다.

b. 지도 프로그램

순서	구분	내용
1	소개	• 강사소개, 연수개요
		• 플라잉디스크 정의, 역사와 유래
		• 시설과 용품, 플라잉디스크 종목 소개
2	체조	• 준비 운동, 기본 스트레칭
3	얼티미트	• 그립(grip) 방법, 받기(양손,한손), 피봇, 패스
		• 백핸드(backhand)/포핸드(forehand) 던지기, 경기 규정
4	디스크골프	• 퍼팅 기술 / 어프로치(short, long 코스)
		• 드라이브 던지기(스텝 응용) / 경기 규정
5	플라잉디스크 윷놀이	• 3m, 4m, 5m 통과 연습
		• 말판 놓는 법 / 경기 규정
6	K-Accuracy	• Accuracy(애큐러시) 소개
7	체험	• 원반골프, 얼티미트, 플라잉디스크 경기 실시
		• Accuracy(애큐러시) 경기를 통한 정확도 연습
8	정리	• 질의 응답 / 설문조사 / 용품 및 현장 정리
9	보고서 작성	• 연수보고서 작성 / 기타 필요사항 작성

플라잉디스크 공인 안내

Chapter 1 · KFDF 공인 용품

Chapter 2 · KFDF 공인 원반골프 코스

KFDF 공인 용품

Chapter 1 · KFDF 공인 용품

Chapter 2 · KFDF 공인 원반골프 코스

Chapter 1 KFDF 공인 용품

가 · **원반**

• **제품명**	독도사랑1
• **용 도**	원반골프 / 퍼터
• **대 상**	학교스포츠클럽, 성인, 노인, 장애인
• **제조사**	(주)프리원

• **제품명**	독도사랑2
• **용 도**	원반골프 / 퍼터
• **대 상**	학교스포츠클럽, 성인, 노인, 장애인
• **제조사**	(주)프리원

• **제품명**	엘리트 티(Elite T)
• **용 도**	원반골프 / 퍼터
• **대 상**	학교스포츠클럽, 성인, 노인, 장애인
• **제조사**	(주)프리원

• 제품명	미더(Mider)
• 용 도	원반골프 / 어프로치, 미드레인지
• 대 상	학교스포츠클럽, 성인, 노인, 장애인
• 제조사	(주)프리원

• 제품명	라이트닝(Lightning)
• 용 도	원반골프 / 드라이버
• 대 상	성인, 동호인, 선수
• 제조사	(주)프리원

• 제품명	비(BEE)
• 용 도	원반골프 / 드라이버
• 대 상	성인, 동호인, 선수
• 제조사	(주)프리원

• 제품명	고구려
• 용 도	원반골프 / 드라이버
• 대 상	성인, 동호인, 선수
• 제조사	(주)프리원

• 제품명	치우천왕
• 용 도	원반골프 / 미드레인지
• 대 상	학교스포츠클럽, 성인, 노인, 장애인
• 제조사	(주)프리원

• 제품명	비상
• 용 도	원반골프 / 미드레인지
• 대 상	학교스포츠클럽, 성인, 노인, 장애인
• 제조사	(주)프리원

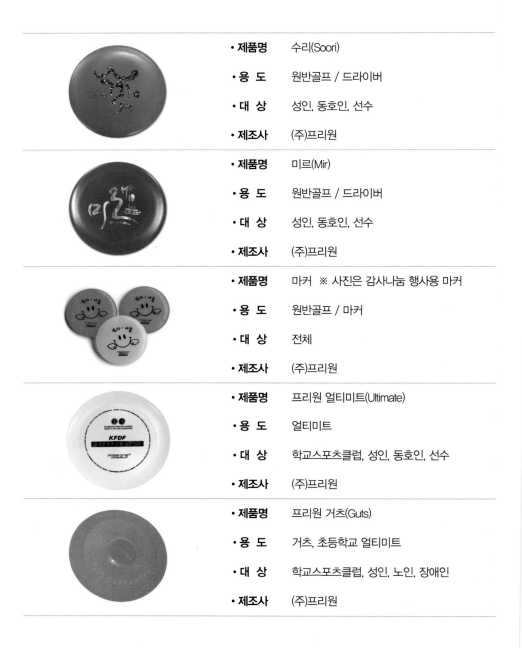

• **제품명**	수리(Soori)
• **용 도**	원반골프 / 드라이버
• **대 상**	성인, 동호인, 선수
• **제조사**	(주)프리원
• **제품명**	미르(Mir)
• **용 도**	원반골프 / 드라이버
• **대 상**	성인, 동호인, 선수
• **제조사**	(주)프리원
• **제품명**	마커 ※ 사진은 감사나눔 행사용 마커
• **용 도**	원반골프 / 마커
• **대 상**	전체
• **제조사**	(주)프리원
• **제품명**	프리원 얼티미트(Ultimate)
• **용 도**	얼티미트
• **대 상**	학교스포츠클럽, 성인, 동호인, 선수
• **제조사**	(주)프리원
• **제품명**	프리원 거츠(Guts)
• **용 도**	거츠, 초등학교 얼티미트
• **대 상**	학교스포츠클럽, 성인, 노인, 장애인
• **제조사**	(주)프리원

나 · 원반골프 캐쳐, 문자판 타겟

- **구 분**   원반골프 캐쳐
- **제품명**   공원용 프리캐쳐
- **용 도**   원반골프 대회, 여가
- **대 상**   공원, 전용경기장
- **제조사**   (주)프리원

- **구 분**   원반골프 캐쳐
- **제품명**   고급형 프리캐쳐
- **용 도**   원반골프 대회, 교육
- **대 상**   대회 장소, 학교
- **제조사**   (주)프리원

- **구 분**   원반골프 캐쳐
- **제품명**   교육용 프리캐쳐
- **용 도**   원반골프 교육
- **대 상**   대회 장소, 학교, 공원 등 전체
- **제조사**   (주)프리원

- **구 분**   원반골프 캐쳐
- **제품명**   나무걸이용 캐쳐
- **용 도**   원반골프 대회, 교육
- **대 상**   대회 장소, 학교, 공원 등 전체
- **제조사**   (주)프리원

- **구 분** 원반골프 캐쳐
- **제품명** 우산캐쳐(스틸, 링, 플라스틱 등 3종)
- **용 도** 원반골프 동호회, 학교 교육용
- **대 상** 경기장, 학교, 공원 등 전체
- **제조사** (주)프리원

- **구 분** 원반골프 캐쳐
- **제품명** 고급형 프리캐쳐
- **용 도** 원반골프 대회, 교육
- **대 상** 대회 장소, 학교
- **제조사** (주)프리원

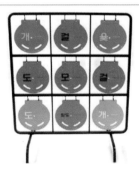

- **구 분** 플라잉디스크 윷놀이판(숫자판)
- **제품명** 프리원 문자(숫자) 타겟 9단
- **용 도** 플라잉디스크 윷놀이/대회용
- **대 상** 대회 장소, 학교, 공원 등 전체
- **제조사** (주)프리원

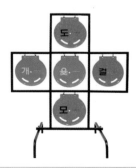

- **구 분** 플라잉디스크 윷놀이판(숫자판)
- **제품명** 프리원 문자(숫자) 타겟 5단
- **용 도** 플라잉디스크 윷놀이/대회용
- **대 상** 대회 장소, 학교, 공원 등 전체
- **제조사** (주)프리원

KFDF 공인
원반골프 코스

Chapter 2

Chapter 1 ・ KFDF 공인 용품

Chapter 2 ・ KFDF 공인 원반골프 코스

가. 영월 코세스코리아 원반골프 코스 27홀

- 강원도 영월군 주천면 코세스코리아 연수원 내

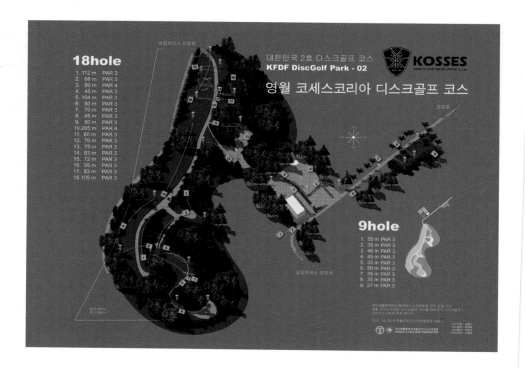

나. 파주시 플라잉디스크 광장 9홀

• 경기도 파주시 금능동 186-5 파주스타디움 내

다. 성남시 플라잉디스크 광장 9홀

- 경기도 성남시 분당구 중앙공원(샛별중학교와 수내고등학교 사이)

라. 포항시 해도근린공원 플라잉디스크 광장 9홀

• 경북 포항시 남구 해도동 해도근린공원

마. 포항시 구룡포 원반골프 18홀

• 경북 포항시 남구 구룡포읍

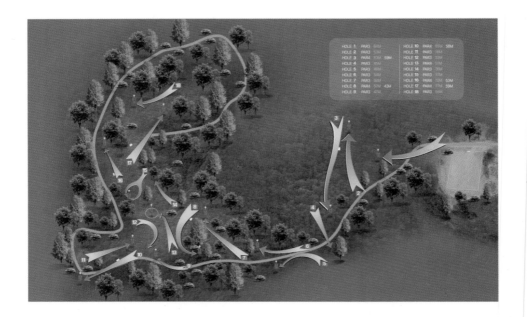

바. 상당산성 플라잉디스크 골프장 9홀

- 충북 청원군 내수읍 덕암2길 162 국립상당산성자연휴양림

사. 서울시 학생체육관 플라잉디스크 연수 코스 3홀

- 서울시 송파구 잠실3동 10-3 잠실학생체육관 옆 공원부지 내

참고 사이트

대한플라잉디스크연맹(www.kfdf.info)
국민생활체육전국플라잉디스크연합회(www.flyingdisc.or.kr)
(주)프리원(www.freeonedisc.com)
세계플라잉디스크연맹(www.wfdf.org)

참고 문헌

플라잉디스크 지도자 텍스트(2003, 일본플라잉디스크협회)
플라잉디스크 학습지도안(2007, 김동진)
플라잉디스크 교과지도안(2008, 김동진 外)
플라잉디스크 교육메뉴얼(2009, 최창희)
플라잉디스크 심판법(2011, 최창희)
플라잉디스크 3급 자격매뉴얼(2011, 최창희)
플라잉디스크 10차시 가르치기(2012, 김택천 外)
플라잉디스크 공인심판법(2012, 2013, 2014, 최창희)

저 자

최창희 전국플라잉디스크연합회 사무처장
하태부 잠신중학교 교감
김택천 강일고등학교 수석교사
김동환 한양대학교 교수

지도자 입문과 자격취득을 위한

플라잉디스크 지도자 입문

국민생활체육전국플라잉디스크연합회

KOREA FLYING DISC FEDERATION

KFDF 대한플라잉디스크연맹